找到你的聲音

Find Your Voice

國際頂尖教練
教你在任何場合自信說話

The Secret to Talking with
Confidence in Any Situation

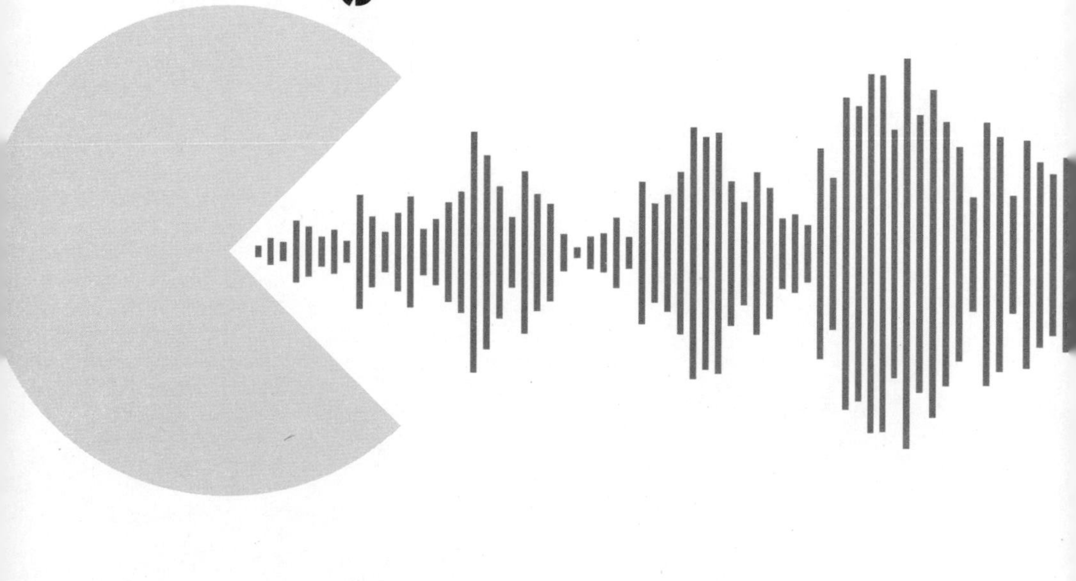

獻給

我的父母，你們讓我熱愛人聲與聲音（也讓我擁有爵士薩克斯風的底子）。也要感謝我的女兒，讓我每天惦記著自己鍾愛的事物。

*

人和自己的聲音密不可分，因為話要靠人說出來……人聲是人的一種表述——說明了「我是誰」，而且是完整自我生理上的一部分。

英國劇院導演西絲莉・貝里（Cicely Berry），《你的聲音及如何使用它》（*Your Voice and How to Use it Successfully*, 1990）

Voice

1.發自喉頭，經由嘴巴出來的聲音，如說話或唱歌

1.1 說話或唱歌的能力

1.2 有影響力的人所說的話

1.3 文學作品或文學作家的獨特風格或語調

2.用來表達或呈現觀點的方式

2.1 表達意見的權利

——取自《牛津英語詞典》

各界好評推薦

翻閱這本書的同時，讓我有找到異國知己的幸福感。作者寫得既全面又詳細、既務實又帶點詩意，我特別喜歡她敘寫聲音與內在狀態之間種種關聯的段落，這真是一本聲音表達的實用指南，也是加值表達自信的經典之作。

聲音訓練專家　周震宇

《找到你的聲音》一書中，最令人印象深刻的，莫過於「找到自信，勇於表達」，每一個人都可以發揮你的話語影響力。

事實上，職場中無論哪個職種，都需要透過「話語」溝通方能成事。我們也發現，台灣職場工作者遇到的職涯問題：求轉職不易、升遷不順，甚至是與主管、同事溝通有障礙，統統都與「話語」溝通有關。因此，如何「找到自信，勇於表達」，是每個職場工作者必須精煉的課題。

本書透過教練技巧，讓職場工作者可以掌握自己的特色，重拾自信。而104人力銀行更提供職涯診所、履歷診療室等諮詢工具，讓工作者可以勇於將心裡的疑問，透過一對一的資深工作者 Giver 幫助找到解答，讓職場工作者從內而外、自信十足，發揮自己的話語影響力。

104人力銀行顧客價值經營處協理 翁維薇

小時候我曾經非常厭惡我自己的聲音，我總覺得我沒有辦法像其他可愛的女同學發出溫柔婉約又細緻的聲音。

直到我念口譯的時候，因為作業要求，我被迫必須要不斷重複聽自己的錄音檔，一開始很痛苦，但我卻開始慢慢認識並接受我自己的聲音。我發現再平庸的聲音，其實都可以透過練習去調整細節，讓自己的聲音不再讓人感到刺耳。

我想，世界上應該沒有人天生就有迷人嗓音的吧。一定是先讓自己愛上自己的聲音，才能讓別人愛上你。跟著專業的聲音老師一起探索自己吧。

百靈果 News　凱莉

聲音就像一個靈魂紀錄器，從一個人說話時的咬字、速度快慢、聲調的高低起伏、呼吸方法，都記載了你的個性、習慣、教育、小時候養成的泥土、成長時的陽光、空氣、水，以及看待這個世界的角度，還有選擇對應的心情。

很開心分享《找到你的聲音》這本書，卡羅琳是一個專業的聲音教練，從聲帶、身體各種肌理的運用，安定說話時的神經系統，有系統的引導讀者，從閒話家常到勇於對外表達、演說。當你覺察到自己與聲音的關係，使用方法，在每一個時刻有意識的發出聲音，你會擁有更精準更流暢的言語表達。

最後祝福大家，讓聲音開出一朵花，送給周遭的每一個與我們相遇的人！

發「聲」什麼事？發「聲」幸福！

聲音修繕師　魏世芬

〈專文推薦〉

善用聲音，啟動隱藏潛力

主播　王顯瑜

你來到一間小吃店，現在是晚餐時間。你低頭夾起燙青菜準備放進碗中，牆上的電視傳來主播的聲音，「昨天晚上〇〇市一間工廠竄出猛烈火舌。許多員工因工廠動線設計不良，來不及逃生，最後當消防人員撲滅大火時，一共七人已經全部不幸喪命。」

這是一個悲劇，主播的聲音沉重而嚴肅。但想像一下，要是今天變成這樣：

「哇塞死人了啦！夭壽喔！昨天〇〇市一間工廠失火，七個人被燒到嗝屁了啦，驚死人、驚死人！」

你想必已經聽出來，哪一個主播是專業播報、哪一個主播隔天可以開履歷表了。

播新聞不見得是每個人的夢想，但幾乎每個人打從娘胎出生那一刻起，「聲音」就開始左右他／她人生的方向。小時候，我們用大哭大笑表達喜怒哀樂；長大以後，除了習得白眼這個必備技能，我們也發現：如果我們的「訊息」是一道道菜，那我們的「聲音」與「表達方式」，就如同餐點的擺盤。今天要是有個主廚，把沙拉、主餐和甜點全部倒進一個碗公，隨便攪和個幾下然後命令我們吞下，那恐怕還沒開動，你的食慾已經泡湯；反之，要是今天餐廳循序漸進的為我們端出一道道佳餚，或許你才嚐一口前菜，已經開始期待今晚的主餐不知會多麼讓人齒頰留香。

能載舟亦能覆舟，說的正是從我們喉腔間發出的「那個東西」。你看不見也摸不著它，但正如作者所述：你的聲音，絕對能展現出「不同風貌的身心凝聚的自信」。

「啊我就不是人生勝利組，自信是三小？我只聽過脹氣啦！」你可能忍不住問。合情合理，但除了提醒你吃顆胃藥以外，也容我提醒一句：沒有人一生下來就自備強大氣場，自信這種東西是ㄍㄧㄥ出來的，Fake it till you make it，弄假直到成真，ㄍㄧㄥ久了就是你的。

過去十年來我的工作一直都與影像及聲音密不可分。入行初期我渾身菜味，還沒學會讓我的聲音活起來，或者更直白的說，我無法讓我的聲音和我本人一樣「北爛」。但我不斷從（為數不少的）錯誤中學習，並且發現許多訣竅，例如要是在播報新聞時我怎樣都無法排除焦慮，我就用力將左手大拇指指甲狠狠壓進食指第二指節的肉裡，使勁刻出一道指甲痕，藉由讓自己的食指發痛，使自己無暇為其他事情緊張，瞬間逼自己調整好說話的節奏；又或者如果我準備為一則歡樂的新聞配音，偏偏我現在的心情糟到谷底時，我會在開始錄音前用牙齒咬著一支筆，逼自己做出近似微笑的表情並HOLD住此刻臉部肌肉的位置，再用這樣的表情趕緊錄完音。我曾與許多資深空服員討論「如何讓機上廣播聽起來更讓乘客心情愉悅」，而「像傻瓜一樣逼自己ㄍㄧㄥ出笑容」就是最簡單也最不敗的一招，用嘴角上揚的表情說話，你的聲音就是會讓人想一聽再聽。

透過聲帶與嘴唇送出的氣流震動，是我們每個人的註冊商標之一。你不必有如同「被天使親吻過」的夢幻嗓音——畢竟那樣的嗓音實在是鳳毛麟角——但只要找到並且善用自己的聲音，你真的會啟動連你也不知道你擁有的潛力。這樣的快樂有點像在口袋裡發現兩百塊錢，而且不是偶爾，是天天發現。

找到你的聲音

Contents 目錄

第2章 找到鎮定中心 083

第3章 放下執念：運用全身展現說話自信 129

第4章 勇於表達，與眾不同：如何在關鍵時刻不怯場 173

前言

他們年紀大她沒幾歲，卻早已具有自己獨特的聲音……她納悶究竟是如何辦到的？

梅格．沃利澤（*Meg Wolitzer*），《女性的信念》（*The Female Persuasion*）

你的聲音沒有「不見」，沒有被遺留在火車上忘記帶下車，也不是藏在沙發座墊底下。你的聲音一直都在身邊，只需要懂得哪裡可以找到它。手放在肚子位置，笑一下。感覺到了嗎？你的聲音就在這裡，就在身體的深處，是深藏的寶物。其實，你的聲音一直都在那，但與生俱來的東西我們反而更不懂得去欣賞，十分奇妙，也很有挑戰。出生時，產婆會仔細聆聽你發出的聲音，以評估新生兒是否健康；會聽聽你第一次的哭聲，用來判斷肺部是否健康。這也是阿普伽新生兒評分（Apgar Score test）的一個環節。[1] 從出生後吸入的第一口氣，到隨之而來的初次哭聲，直到人生嚥下最後一口氣，你的聲音可以說是串接起內在人生與外在世界。

河裡有兩條年輕小魚，游著游著遇到年長的一條魚。「早呀孩子，」年長魚兒經過他們時說道：「覺得水怎麼樣啊？」兩條年輕小魚錯愕地繼續游，悶不吭聲。最後，其中一條年輕小魚看了另一條魚一眼，說：「水到底是什麼東西呀？」美國作家大衛．福斯特．華萊士（David Foster Wallace）對這則故事的評論是：「最顯而易見、無所不在，而且重要的現實事物，反而沒有人在談論。」[2]人的聲音正是如此，既顯而易見，又無所不在，而且重要。大家都得靠它才能說話，卻不談論它，非得要等到它聽起來在顫抖，或是從影片中感覺它吱吱作響、怪怪的，才覺得事態不對，想一探究竟。

所以，現在請花一點時間留意自己的聲音。要專心，專心能夠讓你掌握主控權，有了主控權之後，你就會變得有自信。和我說話吧，說說看，說什麼都好。想要的話，可以朗讀這本書。小聲說話也沒有關係，我不介意。何不試試看說話時把手放在嘴前，感受一下空氣從肺部跑出來的感覺；感受空氣在喉頭震動；感受說話時空氣分子震動帶給手的溫暖；感受聲音發自內心，遠傳千里到世界各地。這是個小小的奇蹟，請你留意一下。英國作家阿爾．阿爾瓦萊斯（Al Alvarez）稱它是「活著的表現」。[3]

呼吸就是生命。人的聲音就是呼吸。而你的聲音，就是你。當你能夠說出「這就是我的聲音。」這句話時，你會發現到全世界正襟危坐、豎起耳朵，因為你是站在強大又清晰的位置和他們溝通，讓你得以充滿自信大聲說出口。你會變得與眾不同。

詞不達意的窘境

信心（confidence）一詞來自拉丁文「confidere」——意思是相信某人。但在你最需要用字詞表達自己意思的時候，卻詞不達意，要如何相信自己？當你的聲音在抖，該怎麼信任自己？當觀眾目光聚焦在你身上時，你的腦中卻一片空白？大家每次都要你說大聲一點，因為聽不到你在說什麼？或者擔心自己聲音太輕柔，太大聲，太高亢，太低沉，太過頭？如果連自己的聲音都不相信了，你又要如何相信自己呢？

如果覺得上述狀況似曾相識，顯然大家同是天涯淪落人。每當我問觀眾誰曾經在上台說話時覺得不太有自信，大部分的人都會舉手，這很正常。大多數人都覺得站在觀眾、攝影機，或是麥克風面前時，就像我以前戲劇學院老師所說的「地獄血盆大口」那般情境，內心深感脆弱。

人們最畏懼的情境包括：

- 走到一大群觀眾面前，看見每個人臉上對你滿心期盼的樣子。
- 想表達自己的意見，卻看到有許多專家在場，覺得自己很笨。
- 想要提問，胸口心臟卻蹦蹦跳，擔心聲音會抖。
- 有人向你提問，瞬間全場靜默下來，你卻想不出如何回答。
- 攝影機對著你的臉，你又不得不當場給出些好意見。

以上情境說不定也讓你心有戚戚焉。我就有過這麼一段揮之不去的經驗，有一次站在非常大的演講廳台上，底下觀眾有一千人，結果卻搞砸了。事後我發誓再也不要上台演說，最後費了好長一段時間才重建信心。直到現在，想起那件事還是會尷尬無比。雖然遇到這些狀況你會覺得很無助，但其實你並不孤單，會有這種恐懼是人性。會焦慮是正常的。

我每天都遇到客戶向我提到身為講者所面臨過的種種尷尬、恐懼與脆弱。我聽過的例子不分年齡，小到學童，大到跨國企業及國家領導人。例如，某位公司執行長曾經告訴我，記得當年在學校上台演說時沒帶小抄，因為父親要她背起來。結果上台後腦中一片空白，惹來眾人大笑，讓她認為演說是一件很冒險的事，即便後來職涯發展很成功，對此依舊深信不疑。

這些情境都能讓大家感同身受，不過大家也可以從中學習並且進步。如今這位執行長可以默默自豪地說，經過這麼多年，總算從當年那場「學校演說災難」走出來，面對台下上千名觀眾，能夠從容不迫，穩穩掌控，並且享受站在台上的時刻。我在這裡要坦白告訴你一件事，那就是說話有自信的能力不是與生俱來，而是必須靠後天學習。沒有所謂「天生的」演說家。說話有自信，靠的是日復一日的努力，不是靠你是誰。我曾經長達三十年說話毫無自信，說話太急促，聲音會抖，提心吊膽，這些都經歷過，但在按照一些作法步驟之後，我逐漸變得有自信。後續會告訴你這些作法步驟是什麼。

魔術師總是喜歡先說咒語，才從帽子抽出兔子，這種咒語英文叫做「abracadabra」，這個詞其實源自希伯來語「ebrah k'dabri」，意思是「我說話便創造」。一旦懂得如何開口說話，會有種宛如魔術的神奇感，感覺到自己聲音輕鬆又有力地從體內深處奔放出來；發現自己能夠走到眾人面前，不論過程如何，最後下台時依舊保持穩健。聲音不會發抖；懂得駕馭腎上腺素，而非受其駕馭；知道要大家注意聽，其實沒有必要大吼大叫。

身為講者，我逐漸發現自己處於一種新常態，那就是說話時能夠鎮定沉著。我發覺自己走到台上，台下觀眾看起來再如何嚇人，也都能游刃有餘。身為老師，則是很喜歡聽見一個人的聲音宛如夏日花園盛開的植物那般脫胎換骨，讓我覺得當老師很有樂趣。我也想讓你運用同樣方法開花結果。一旦你在面對這些情境時也能變得游刃有餘，大門將為你打開。一傳十，十傳百。你的人生就此改變。若你又是在為更大的理念發聲時，你也會讓別人的人生從此改觀。這一點其實很有意思。

靠後天努力，不靠先天資質

當問到有誰能自信說話，是靠後天努力，而非靠先天資質，請看古代這位克服說話障礙的好榜樣——狄摩西尼（Demosthenes）。生於西元前三八四年的狄摩西尼，從來不是「天生的」演說家，幼時體弱且口吃嚴重，頭幾次在公開場合的登台演說一敗塗地，在人民大會場合遭到眾人嘲弄收場。但他這個人有決心，願意學習如何說話。為了讓口齒變得清晰，他會在嘴裡塞石子（各位在家不要照做）；會把拋光的盾牌當成鏡子練習演說姿態；還會到山上跑步增強肺活量。漸漸因此變得有自信，聲音也愈來愈有力，最終成為當時最受人景仰的演說家。

如今你的聲音重要性更甚以往

如今可以說是學習如何說話有自信的最好時機。人聲——真實的人聲——的重要性更甚以往，這一點是科技時代所帶來的非預期效應，而且連科技人都認同：像是矽谷科技界就認為，人的溝通能力比學會寫程式還重要。領英（LinkedIn）執行長傑夫．韋納（Jeff Weiner）就認為，口語溝通是未來關鍵技能缺口之一。他曾在《連線》（*Wired*）雜誌舉辦的探討未來工作趨勢論壇上指出：「即便最終人工智慧（AI）變得強大，目前也正在變得強大，電腦依舊遠遠無法複製或取代人類互動及人類溫度。所以大家有誘因去好好發展這方面的技巧。」[4]

一旦人類能做的事，電腦大部分都能做得更快時，必須要靠超人類技巧才能讓人類與眾不同。人工智慧興起之後的一種好結果，說不定就是會讓人類變得更有人性？而聲音正是讓人之所以為人的重點，因為聲音使得人類能夠針對當前面臨的事情與內心深處想法，經由言語將錯綜複雜的段落逐步表達出來。這件事是機器複製不了的。

如果「說話」這件事已經很重要，我再告訴你一件事：懂得如何說話、如何用說話影響他人，未來只會變得更加重要。有人研究過這個趨勢。一九九五年，美國經濟學者德爾雷・麥克洛斯基（Deirdre McCloskey）主持過一項研究，分析橫跨兩百五十個職業別的一億四千萬名美國人。[5]她想探討人們會花多少時間向他人說明事情，並且嘗試說服對方改變心意。結果發現說話的重要性迅速竄升，而且美國之後二十年（也就是到二〇一五年）的國民所得會有百分之四十來自於說服他人。麥克洛斯基文末評論聲音做為一種說服的工具時表示：「經濟上或社會上沒有事情會自行發生，一定要靠人改變心意。人的行為可以被迫改變，但人的心意不可能。」

二〇一三年，澳洲有人再度檢驗麥克洛斯基的論點。澳洲財政部的一項研究指出，

「說服」帶來的產值事實上已提升到美國國內生產毛額的百分之三十。[6]如果領英執行長韋納所稱的人類溝通重要性論點是對的，則該數據很可能會繼續上升。說不定很快就會到達一九九五年那份研究所預測的百分之四十總額。

這也是為什麼我相信聲音是終極人類軟實力。從政治上的意義，美國政治學家約瑟夫・奈伊（Joseph S. Nye）提出的「軟實力」[7]一詞，指的是相對於有武力意味的「硬實力」而言，國家吸引與說服人的實力。就個人層面而言，也的確有所謂的軟硬實力。你的職稱或者在這個世界上的地位，都算是某種地位硬實力，不過也僅止於此。真正能夠讓你去影響別人的，則是無窮的人聲態樣、人聲所伴隨的同理心，以及人聲夾帶的情感與細膩差異。這是不同的軟實力，而且重要性更甚以往。

數位時代下展現自信的難題

你必須認知到，如今說話要變得有自信，會面臨新興障礙，這是數位時代的致命難題。如今有太多能夠幫助你觸及全球觀眾的發聲平台：像是播客（podcast）、YouTube

頻道、社群媒體……誰知道未來還有哪些平台。但有優點必然也有缺點，這些平台會帶來表現壓力。想在 YouTube 上走紅嗎？那得先克服面對攝影機時緊張扭捏又不安的焦慮感才行；如果不喜歡自己的聲音，走播客這條路會是一大挑戰；如果覺得自己不懂得說話的時機，視訊通話會是個問題。影像時代雖然是讓別人能夠聽見自己聲音的黃金時代，但前提是按下錄音鍵後聲音不會抖。

除了平台與壓力的問題，另一個問題是缺乏練習。說話有時就像是死去的藝術——舌頭如今被打字的手指頭取代。我的祖父母一九九〇年代過世，如果今天還在世的話，八成會被當今人類行為嚇到：不斷查看電腦通訊產品、走路時不斷滑手機。他們還會納悶，發訊息的對象不是明明就坐在隔幾張桌子的位置，或是就坐在隔壁間，為何還要發訊息。他們也可能會說，辦公室已經成為一片死寂空間，能夠打破死寂的，只剩下門禁刷卡聲。職場上人與人的斡旋不用靠說話，大概也會讓他們難以置信。說不定還會注意到大家用來溝通的小方框，實際上把每個人框住了。大家汲汲於盯著裝置上最新發展，不曾停下腳步好好呼吸、好好和別人交流、好好陪伴他人，一生就這麼過了。這些都會讓我的祖父母深感吃驚。每個人的人生幾乎都默默躲在螢幕背後。也難怪當你要登上全球數位舞台，像是播客或YouTube時，你沒有經常運用自己的聲音，也沒有練習，會感到焦慮緊張，日積月累之後，自信心就會崩解。

不光是因為職場空間愈來愈安靜，導致不容易培養說話的自信，許多人積極養成的習慣也是原因。傳訊息、寫電子郵件、彎腰看螢幕等動作，也會對人的生理產生很大影響。人會因此說話更快，肩膀緊繃、眼神呆滯、呼吸短淺。現代媒體講究的是大家自然不做作，而且要展現鮮明個人特色，但電腦通訊產品反而讓大家在說話時，很難達到這些要求。你有沒有想過滑手機和用滑鼠，會讓人說話時更難平穩流暢？想一下：你看手機時會低頭，此時是否感覺到呼吸變得短淺，還會閉氣？你的焦點變成向內，而不是向外對著周遭世界。

壓力加上缺乏練習，就會形成一種偏執。想想看，生活上總是有使用電腦通訊產品讓身心內外壓力交迫的經驗。當你習慣駝背盯著螢幕，身體在面對觀眾時就會更加視為是威脅。你的壓力機制會將這種瞬間感覺視為壞事、可怕甚至是危險的事，導致整個機制警鈴大作：心跳加速，血液迅速朝心臟、四肢流動，說話愈來愈快，愈來愈急促，內心緊張煩亂，變得口齒不清。或者更糟，腦筋一片空白。

所幸，只要稍加意識到電腦通訊產品的影響力，這些問題完全可以避免。這不就是正念認知的功用嗎？對，但也不對。正念認知方法固然很棒，也很有幫助，但這當中少掉了一段連結。藏傳佛教徒不談身、心、靈，而是談身、心、聲。所以我們必須找出身體、心理與聲音三者之間的連結。這也是本書主旨所在。我要你感受到自己握有主控權，而且不只是在說話之前，更是在說話的當下。此外，還要你了解到一點，那就是一邊說話，一邊讓自己平靜下來，是做得到的，不用再覺得自己像是一台失速列車。在這個數位時代，懂得如何開口說話，實在是再必要也不過的事了。

本書架構

種下一顆玫瑰種子時，種子雖小，我們不會批評它「無根無莖」，而是當它是一顆種子，給予種子所需的水分及養分……種子內部始終具備完整發展潛能。過程中種子看似不斷在變，其實每個階段、每一刻狀態都是安然自處。

提摩西．高威（W. Timothy Gallwey），《比賽，從心開始》（*The Inner Game of Tennis*, 1975）

我相信，假如你能夠在和朋友聊天時展現自信，那麼在一千個人面前演講也會有自信；假如能夠在一個聽眾面前說話鎮定且有自信，到哪裡都會鎮定且有自信。因為方法如出一轍。問題在於要如何在有壓力的情況下展現自信。本書宗旨就是要幫助你打開早就存在你身上的自信心。打開自信心的關鍵就是先有認知，然後練習。

我是聲音老師，日復一日幫助人精進演說，場合包括提案、開視訊會議、登上大舞台、在會議室演講、在派對場合說話，或是當播客講者。我不斷發現到，藉由練習讓肌肉深處學會這套實用技能，自然就會變得有自信。我說話變得有自信，靠的是二十年來每天一點一滴的累積。所以也希望你能感受到一點一滴跟著做的神奇魅力。本書將教你如何更有自覺地面對自己的聲音，同時提供一些簡單練習方法，讓你能經常照著做，說話就會愈來愈有自信。你必須相信這套過程，努力不懈，總有一天必然會詫異於竟然能夠展現出這樣的聲音和自信心，令你欣喜若狂。

古希臘哲學家亞里斯多德（Aristotle）將這種萬物具有化為自身的進展潛能，稱之為實現性（entelechy）。這個詞是希臘文 en（內在）、telos（朝向）與 ekhein（處於某種狀態）

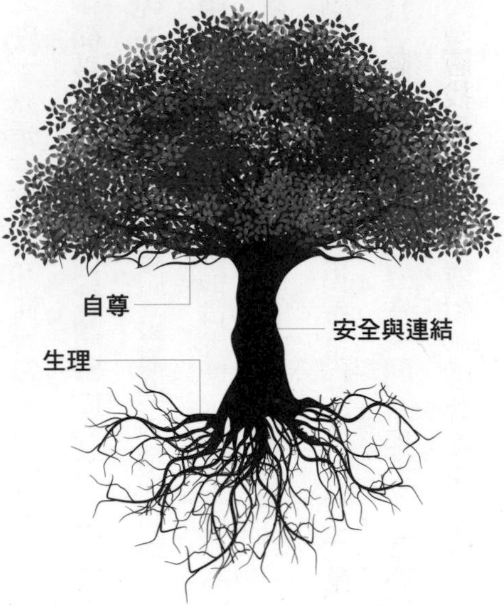

三者之結合。如同橡實在對的條件下會變成橡樹，你的身上也早已具備讓自己說話能夠擁有自信的一切事物。

我發現，一旦有良好呵護、滋潤與關心，人的聲音能夠大放異彩。人聲是一種自然力量。而自然往往富含機智，條件對的時候，自然會幫你達成一切。我的公公多年來在蘇格蘭打造並呵護他那座樹花園，裡面的山丘長滿世界各地的樹種，枝葉招展在朝塞斯（Trossachs）的冷冽風中。有一次冬天某個早晨走到山上，他指著地上一根在我這外行人看起來像棍棒的東西，說：「這是極為罕見的一種中國樹。」當初他在旅行途中買來種到蘇格蘭肥沃的土壤，結果枯萎了。原本以為樹死了，想不到某年春天再度破土而出，位置就長在金屬牌子旁邊。這株樹始終在那，醞釀著，很有力量。一旦條件對了，就會重現在世人眼前。這株中國樹的「實現性」早就存在於土讓之中，只是在等待條件成熟。你也是一樣。讓你說話有自信的能力一直都在那裡，正在醞釀破土而出。你只需要去創造對的條件，讓身、心、聲大放異彩，這就關係到思考方法、站姿方法，以及呼吸方法。

讓說話有自信的正確條件，最好的參考對象就是心理學家亞伯拉罕・馬斯洛（Abraham Maslow）有名的「需求層次理論」，在此我將它畫成一棵樹。本書會參考這套理論，因為它可以提供完美條件讓你呵護滋潤自己的聲音，繼而說話有自信。馬斯洛樹的每一階層都是一種成長模式，能夠帶領我們表現潛能、尋找意義、尋找聲音，可以在各個階層找到讓自己說話有自信的相關技巧。

第一章「你的神奇樂器」，會先探討人的聲音如何運作。了解其內涵的同時就能更加掌握。另外要介紹一套你可能未曾想過的完整聲音機制，叫做「根基機制」（root system）。人的聲音力量來源，潛藏在軀幹深處，雖然可能看不見，但我要你好好認識它。

第二章「找到鎮定中心」，將會從馬斯洛樹的生理樹根，向上爬到安全需求的樹幹位置。人如果沒有安全感，說話就會緊張害怕。本章要告訴你害怕或緊張時怎麼辦，而且你的聲音會抖。這個「鎮定中心」的樹幹還能讓你往上爬到馬斯洛的下一層級。鎮定讓你有安全感，安全感讓你覺得自己與朋友同在。達到這個境界時，身為講者的你，就能向上一階，來到馬斯洛的下一個層次——愛與歸屬感。只要懂得方法，歸屬感是可以由內產生出來的，而且對於說話有自信十分重要，因為一旦把聽眾看成是朋友，你就可以好好放鬆，享受當講者的樂趣，能夠立刻擺脫動輒被觀眾品頭論足的不良感覺。即便一個人在上千人面前，這個開關還是能夠打開自如。

馬斯洛的下一需求層次是自尊——也就是渴望變得能幹、有所成就。這是屬於樹枝部分，讓你能夠向外開展，說話展現自信。第三章「放下執念：運用全身展現說話自信」將探討如何透過姿態與認知等外在身體條件建立自尊，讓你在上台演講之前就充滿自信，覺得自己很有價值。看到你有自信，大家就會尊重你，你的信心也會跟著提昇，形成一種良性循環。

最後到達樹頂，也就是樹葉，這裡代表了自我實現性。到了這裡，你就能夠完整表現出獨特聲音。所以在第四章「勇於表達，與眾不同」，我們關注的是如何自我實現、有自信地表達想法，而不是畫地自限。

以上每一層次都是奠定在前一層次，隨著自信心增加，你會發現下一層次大門為你敞開。所以務必好好扎根，用對的方法呵護並且澆灌，創造良好條件，你就會懂得如何開口說話，自信心隨之大放異彩。

你的疑問

每章結尾會附上我常被問到的問題。是我二十年來一路幫助大家學習自信說話時被問過的真實問題。每次諮商一開始，我會和大家談談尋找自己聲音時所面臨的恐懼感，請大家在便條紙上寫下心裡的疑問與恐懼，然後貼在牆上。不管是公司高層或基層人物、有演說經驗或是演說菜鳥，當所有人都了解到這種恐懼其實很正常時，會深感療癒。

常見問題

如何在大庭廣眾
面前保持鎮定？

如何不為演說感
到焦慮？

開始演說後如何
才能冷靜下來／
取回主控權？

說話時如何讓聲
音語調更加不同
凡響？

如何克服畏縮？

如何避免嘴上掛著「嗯」、「然後」等贅詞？

如何讓手不要發抖？

如何在會議上有自信地大聲說話，就算許多人在講話，還是保有自信？

如何學會問問題，而且不會擔心別人對你品頭論足？

如何善用本書

光靠書本身無法讓聲音綻放，也無法讓說話變得有自信，道理就像是無法光靠一本書做出蛋糕。說話就像是烹飪和園藝，需要的是愛與練習，每天做一點，長久下來就會進步。我經歷過這一切，所以懂這個道理。最近有人說很喜歡我的聲音，我聽了嚇一跳，因為好多年來我一直很挫折，對自己聲音很失望。如果是二十年前聽到你說我現在會很喜歡自己的聲音，我可能不相信。那麼，這一切變化是怎麼來的？靠努力來的。愈是規律練習、稍加練習，每次練習一點點，經常練，就會展現出你的聲音和自信。

我當了好久的聲音老師，以前只會紙上談兵，光是知道一些理論上的習題，卻不會實際演練。人的初衷總是好的，只是人生太多阻礙。但大約十年前，我找到適合自己的練習方法，改變了我的一生。我在這本書就是想教你：每天撥出五分鐘時間練一下自己的聲音，最好是早上，因為當初我就是這麼做。這會讓你一整天的聲音聽起來精神抖擻。挑一些適合自己的習題與建議，養成習慣，你就會享受到自己聲音綻放的感覺，以及享受聲音所帶給你在世界上的影響力。

所以我才要你好好做：摺起頁面做記號、做筆記、做習題。放下書本，回想一下剛剛讀過的東西，好好想一想，內化成為養分。然後再讀下一小節，實際測試一下，像是演戲圈常在講的，「讓肌肉產生記憶」！這也是為什麼這本書會編排成小段落的原因。

本書要談的是你的行為。關於人的聲音，最重要、不能忘記的就是：一點一滴穩穩練，比起一下子練太多，會更有效。因為一點一滴穩穩練，會讓肌肉深處形成習慣，屆時在聽眾面前就知道如何臨場反應，道理和學習開車一樣，要一直穩穩練習，考試時臨場反應才會好。所以要找到自己覺得容易且實用、而且能夠天天做的技巧。

學習說話必須一步一步慢慢來，扎扎實實穩穩前進。落實並相信這套作法。人的身體變強壯時，會認為自己能更常活動，身體也會跟著變更強壯。如果覺得身體不強壯，哪裡都不想去的話，事情不會改變。保持這種每天五分鐘的習慣，你會發覺聲音變化之快，遠超出想像。

本書穿插著各種名為「試試看」的練習單元，可以利用這些單元更加了解聲音訓練相關概念與技巧。每一個都試試看，找出適合自己的方法，每天找出適當時機練習幾分鐘。至於何時練習比較恰當，取決於你的作息。對於朝九晚五的上班族而言，早上練習可能會比較好。以我為例，如果一整天都要工作，我會利用早上出門前練習，接著一整天就會覺得很有自信，內心鎮定。不過我有些客戶則會在一天當中不定時「補充」信心，可能會在開會前先到一間安靜會議室裡待個五分鐘。如果你和許多人一樣是居家上班族，練習時間就彈性許多。比方說，晚上要在某個場合演說，可以先回家練習一下。你的直覺會告訴自己適合哪一種練習方法，相信它就對了。但不管做哪一種練習，務必要花時間好好練。光是讀完這本書，不會有任何改變。擇己所愛，就會愛己所擇。不是每個人都會喜歡同一件事，這很正常，完全沒有問題。執業以來，我深深體會到不同人會覺得不同種練習方法管用。因此我建議你可以每一種方法都先試一次，再挑出特別有感覺的方法，讓「肌肉產生記憶」。

謹記以下原則，練習起來才會樂在其中：

保持簡單：建議一點一滴消化這本書，就像是在看烹飪書一樣。看到一個不錯的觀念時，試試看，嚐嚐看，感覺一下，內化到身體、呼吸與聲音之中，等到變成自己的東西，再回過頭來試其他方法。實驗看看簡單又有力的方法，讓自己探索聲音的力量。

養成新習慣：一點一滴做、經常做，這才是重點。溫柔、簡單且愉悅地反覆練習，聲音才會綻放。想想看如何在日常活動中加進這些練習，像是在早上泡咖啡、更衣、通勤或是讀書給小孩聽的時候。每天做五分鐘永遠會比偶爾一次做一小時的效果更好。

保持溫柔：太用力拉扯安全帶，安全帶會卡住。太用力追求自己的聲音也是一樣。以前上學時，大家都被要求要認真努力。於是每個人蹙起眉頭，表情嚴肅，拚了老命努力。但聲音不是這麼一回事，這麼做反而會讓整個聲音機制變得緊繃，卡住聲音，自信心也會受到阻礙。聲音是身體的一環，身體一旦緊繃，什麼都不會順暢。道理和跳舞、打網球及藝術創作一樣。想破頭反而不會成功。放輕鬆，溫柔以待，一切就會順暢。英國作家阿道斯・赫胥黎（Aldous Huxley）在一九六二年出版的那本小說《島》（*Island*）中說得好：「太用力才會變暗。溫柔一點，孩子，溫柔。學會溫柔對待所有事情。」

保持好奇：有些事情我們覺得已經懂了，但其實有更多層面值得深入探討。聲音也是同樣道理。可能今天你自認為已經懂得如何說話——二十年前我也一度這麼認為——結果經過二十年的不斷深入挖掘，才發現目前懂的不過只是皮毛。面對本書練習單元與觀念，請保持武術師傅所說的「初心」，才會處於良好的學習狀態。新奇感與好奇心甚至會讓原本以為自己已經懂了的事情，產生另一番體悟。

攝影師塞西爾・比頓（Cecil Beaton）曾說：「別讓魔術見到光。」在對全世界展示你的功力以前，先在家裡試做這些習題，做到覺得自在且自然為止。不用告訴別人你有在練習，只需讓他們屆時注意到你的功力。

讀完本書後，所謂成功，就是下次當你有五分鐘的時間，可能是一日之晨、會議之前，或是感到焦慮時刻，你會懂得如何運用，好讓說話充滿自信。

我討厭「公開演講」這個字眼

這麼說可能會讓你感到詫異，但我其實想避免使用「公開演講」這個字眼，因為會把一種再正常也不過的事情，像是「說話」、「聊天」等行為變得非常不自然，而且讓人提心吊膽。字是有力量的，我要你知道，在觀眾面前說話只不過是日常說話的一部分。畢竟沒有人會說「公開跳舞」、「公開玩耍」或是「公開唱歌」，不是嗎？何不將「公開演說」一詞留在一〇一室（按：源自《一九八四》小說場景，借指令人害怕的地方），從現在起只用「演講（說話）」這個字眼？甚至可以用「聊天」這個字眼代替？不要將公開演講和站到台上或是講台後方（這更糟糕）劃上等號。絕對避免使用這個字眼，因為再好的演說碰上它也會毀於一旦。

第1章

你的神奇樂器

聲音：發於膝後，凌越頭頂。

菲利普．羅斯（Philip Roth），《鬼作家》（*The Ghost Writer, 1979*）

其實，你早就知道要怎麼做，說話才會有自信。你的一生中總會有些時候能夠輕鬆說話，信心滿滿，而這些時候都是和你所信任的人同在。我認為，如果你在這些情況下能夠自在談話，到任何場合也都可以。

第一步是要了解人聲這個樂器如何運作。本章位於馬斯洛理論的第一個需求層次，也就是生理層次——你的基礎／根基。我將介紹這套神奇法寶的隱藏威力，一旦了解到自己的聲音如何運作，你就會感受到導演暨劇作家彼得．布魯克（Peter Brook）所說的，說話能夠變得有自信的條件都裝在你的「內在抽屜」。我曾在TEDx演講，把人的這種

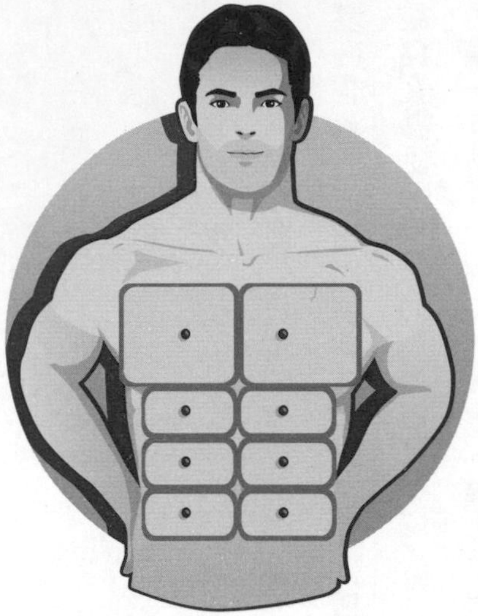

內在力量比喻為一個長得像是身軀的大書櫃，上面有許多抽屜，並將它取名為「大泰德」（Big Ted）。[1] 一旦你理解聲音如何運作，就會發覺到：

- 說話其實很簡單。
- 說話時不會愈說愈快，因為你會懂得如何運用橫膈膜控制呼吸力道。
- 不會再聽到有人叫你大聲一點，因為聲音會從核心肌群釋放出來。
- 說話開始語無倫次時，你會知道該怎麼運用發音器官（articulators），說話才會變得清楚。

來介紹一下這項樂器的各個面向，讀

到每個章節就能對應參照。當然，如果忘記的話，可以隨時回來這一章回顧內容。

人聲運作原理

我在TEDx演講時從大泰德身上的其中一個抽屜抽出一把小吉他。用吉他說明人聲這種樂器，其實挺不錯：吉他有弦；撥弦者會讓弦振動；而身體則產生共鳴。人聲樂器也是類似道理：弦就是你的聲帶；撥弦者就是靠身體肌肉讓肺部吐出來的空氣／呼吸；產生共鳴的則是你的身體。發音就像是吉他，空氣發自肺部，撥動聲帶之弦，產生振動，身體形成共鳴，聲音於焉產生。至於說話的最後一個階段，則無法用吉他比喻來形容，因為說話需要用到說話肌群，也就是發音器官來加以形塑。

這一節我要介紹的樂器主要面向包括：

- **弦**——你的聲帶
- **撥弦者**——你的呼吸

● **聲音共鳴**——你的身體

● **發音器官**——你的嘴唇與舌頭。搭配放鬆的下顎與有活力的臉部肌群

之所以要這樣子介紹樂器，是為了要讓你理解它的組成，這樣在遇到壓力時才懂得如何反應並且調整。有時只需做一件小事，就能帶來很大改變，但唯有先了解聲音機制個別面向如何運作，才知道該怎麼做。

讓你說話有自信的奇特訣竅

說話不需要有壓力。懂得方法，反而能夠讓你說話鎮定。關鍵在於呼吸。聲音收關呼吸。呼吸是神經系統的萬能鑰匙。神經科學家安東尼歐・達馬吉歐（Antonio Damasio）指出，儘管「人類不太能夠阻止情緒發作，就好比不太能夠阻止自己打噴嚏」，神經系統還是有一塊是人類控制得了的：「人可以控制的東西極為有限，不過有一部分例外……可以控制呼吸，我們需要針對呼吸發揮某種自主動作，因為說話與唱歌時的自主呼吸與自主發音，都是運用同樣方法。」[2]

人靠呼吸才能生存，也才能夠說話。因此當你懂得聲音如何運作，尤其是聲音與呼吸之間的相互作用時，也就會開始對神經系統有所了解。

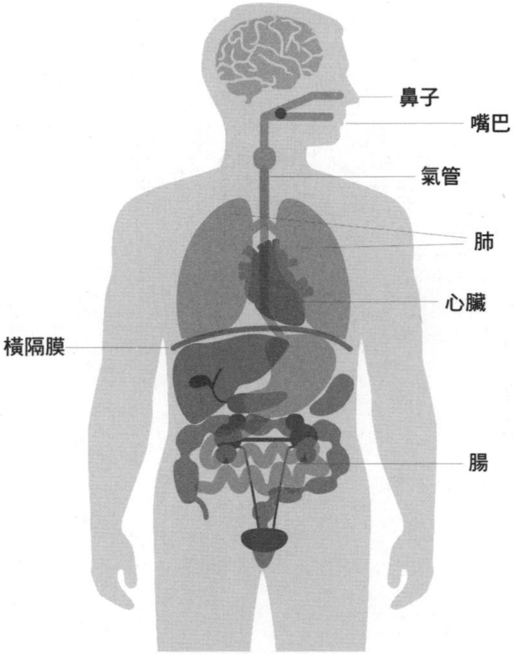

弦：你的聲帶

先從發聲器官的弦談起。所有聲音的產生，都是來自空氣壓力變化，你的發聲器官為了發出聲音，要靠弦和撥弦者來產生這種壓力變化。聲帶就是發聲器官的肌肉之弦，是喉軟骨內的一套肌肉系統。空氣壓力則相當於聲音的撥弦者，說話時會比平常呼吸時用到更多力量。

那麼，空氣壓力這個撥弦者如何產生聲音？人說話的時候，空氣會從肺部出來，帶動聲帶以極快

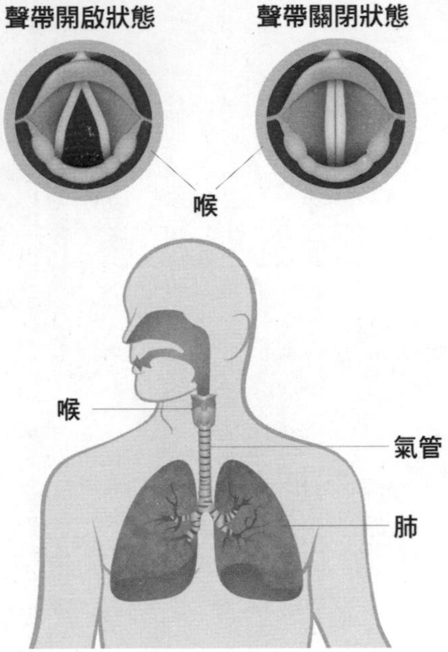

速度反覆開合，形成震動。可以把它想像成一顆開口被打開洩氣的氣球，以及因此產生的聲音。空氣離開肺部後，會迫使聲帶打開。壓力一下降，聲帶就合上，直到下次空氣從肺部出來，再次打開聲帶。聲帶一開一合的速度很快，當你吐氣，空氣壓力讓聲帶開啟，但又很快關閉，形成震動，也就是聲音。音量也和空氣壓力有關：空氣壓力變化愈大，聲音愈大。

請到 YouTube 網站上輸入關鍵字，搜尋「聲帶唱歌」（vocal folds singing）就會看到歌手唱歌時的聲帶運作影像，值得一看。[3]

聲帶的張力，則會決定聲音的音調。如果聲帶放鬆不拉扯，音調會比較低。反之，如果聲帶拉扯得很長，張力十足，音調會比較高。

試試看：探索自己的聲帶

我要你熟悉自己的聲帶，才會懂得如何照顧它。重點在於，愈是運用身體施力，而不是用喉嚨施力，聲音會愈宏亮。按照以下步驟發出聲音，深入了解聲音如何運作。

1. 說「啊——」，像是看牙醫那樣（這個音很宏亮，很不錯，但也可以試試發出其他母音）。把手放在喉頭位置（你感覺到的，其實是喉嚨前方的甲狀軟骨，我們實際上摸不到聲帶）。說出「啊」的同時，手感受一下震動。這就是濁音（按：或稱有聲音，voiced sound）。
2. 現在發出英文「ssh」、「ssssss」或「fff」的音，這時你會發現喉嚨沒有震動。這些音是靠舌頭和上顎摩擦，或是靠嘴唇與牙齒摩擦而產生。這就是清音（按：又稱無聲音，voiceless sound）。

3. 當你發出「一」的聲音，聲帶會變扁且延展開來，像是一條拉得很長的橡皮筋。反之，當你發出低沉「烏」的聲音時，聲帶會變厚，不會拉得太長，像是鬆鬆的橡皮筋。

4. 再來，看看能不能發出很低很低的聲音，發出最低的「哈」聲。這叫做輾軋音——聲帶處於最放鬆的狀態。做的同時會感受到喉頭下沉。

5. 最後，發出最高音域「咪」或「hee」的聲音，然後往下滑到低音域。若將手指置於喉頭，會發覺喉頭遇到高音時會往上升，低音時會向下沉。若將一隻手覆蓋在頭頂，另一隻手放在肚子上，則會發覺高音時頭會有嗡嗡感，低音時下方身體則會產生共鳴。換言之，聲帶的作用會連動到全身。

撥弦者：你的呼吸

聲音的撥弦者是空氣。吐出的空氣，人類說話都得靠它。說也奇怪，大家都不太常想到聲音這件事，得要有人提醒才會想到。試試看，將手放在嘴前，說說看星期一到星期天。感受一下吐出的空氣碰觸到手的感覺。有沒有感覺到空氣吐出來？現在試試看用吸氣說話。辦不到，對不對？就我所知，有兩個例外：南非和辛巴威的科薩族會用吸氣方式發出咂嘴聲，挪威人則會為了引起別人注意，而吸氣說「對！」（Ja!）。我想類似例子還有很多——如果你知道的話，請跟我分享。

呼吸之浪

人睡著時，身體會主導呼吸，完全不需靠意識。可見即便少了你的幫忙，身體在呼吸這方面還是做得很好。所以愈少干擾、愈是讓呼吸反射自行運作，會愈理想。多數人的問題在於，對著觀眾說話時會做太過頭，顯得不自然、緊繃、說話太快。

刻意要操控發聲器官，發聲器官反而會表現失常。懂得使用「潮式呼吸」（tidal breath），發聲器官會做得更好。潮式呼吸就是在沒有刻意干擾時身體自然的呼吸反射。潮式呼吸的好處你也知道，因為熟睡時身體的呼吸過程就很有效率。當人一放鬆，呼吸會很自然地交替。

試試看以下練習方法，就能了解呼吸是怎麼一回事。先在心中想像一座海灘，想像海灘的景色、味道與感覺。再想像海浪沖上沙灘，又從沙灘退去，專注在海浪的節奏。

「進—停—出—停」，這就是每一波浪沖上沙灘的節奏。這時你會發現，人處在放鬆的狀態下，呼吸會很自然地回歸到「進—停—出—停」的節奏。呼吸就像潮水，節奏和沖刷海灘的海浪一樣。呼吸之浪沖上來，又退下去。你的身體日以繼夜靠這種海浪的力量運作，靠它呼吸一輩子，心肺不斷來回擴張收縮。一旦能夠自然抓到這種節奏，便可開始掌握呼吸的能量，讓自己的聲音變得更為有力，可以說是一種高度再生能源。

這種自然節奏一直存在，但必須放鬆、順其自然，才會感受得到。我也建議你這麼做。相信自己的身體懂得如何呼吸。只需留意吐氣後要放鬆，讓身體自行交替吸氣。不用刻意吸氣，身體自然就會有反射動作，當它感覺到需要補充氧氣時，就會要身體呼吸。從鼻子或是從嘴巴呼吸並非重點，不要太執著。

吐氣時，留意一下氣吐出來之後到下一次吸氣之前的這段期間。這段期間對於身體來說是很美妙的停頓——也是靜止之刻。此時，空氣已從肺部吐出來，身體則處在吸吐兩股力道之間的休息狀態（吸氣與吐氣彼此抵消）。這一刻沒有任何呼吸動作，也是身體能夠停下來、休息一下的時候。如果睡不著想試著放鬆睡著的話，可以試試看將氣完全吐完，然後靜候下一波呼吸之浪抵達，讓身體自行吸氣。你的身體會開始放鬆。聲音老師克莉絲汀・林克雷特（Kristin Linklater）說過：「感覺到有一股氣想要再進來時，就讓它進來，不要擋住它……讓它發生……讓空氣呼吸到你。」[4]

試試看：感受一下反射作用

坐著或站著做都可以。把一隻手放在腹部，雙腳站穩，注意力放在體內的肺、肋骨和腹部肌肉。

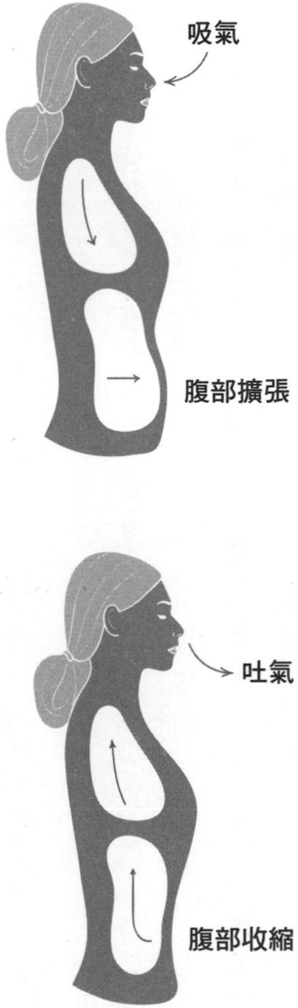

1. 像吹生日蛋糕蠟燭那樣吐氣，此時腹部會感覺到往脊椎方向縮，肋骨也會像兩個水桶提把合攏那樣往內縮。繼續吐氣，吐到肺部沒有氣為止（雖然肺部永遠還是會剩下一點空氣）。

2. 等待反射作用介入。你會發現在等待的過程中，身體其實曉得該吸氣的時機（正如你熟睡時，身體也知道何時該吸氣）。

3. 當身體準備要吸氣時，你會發現這股氣來得很沉很深。會感覺到腹部開始遠離脊椎（可以想成是一顆氣球撐開軀幹、前腹部、肋骨側邊和肋骨後方）。空氣開始進來，經由鼻道鼻竇過濾，然後向下通過喉嚨氣管。此時肋骨會擴張，肺部會撐開。空氣繼續向下進入支氣管樹，到達微小肺泡，最後將氧氣送至血液。吸氣時橫膈膜會下降，將腸子往下推。

4. 再做一次吹蠟燭吐氣動作，感受腹部向脊椎方向縮，直到沒氣。胸腔和肺部會恢復原本形狀，橫膈膜會重新上升，將血液中的二氧化碳排出體外。

5. 認識完這些下半身肌肉，不如感受一下說話時它們的作用吧？說說看星期一到星期天，感受吸氣時腹部遠離脊椎，說話時腹部又再度接近脊椎。

你每日的呼吸

平常可以多加留意呼吸、自信與聲音三者之間的關聯。人在壓力大、緊繃的時候，呼吸會卡在上半身，思緒加速，變得緊張。若改成寬廣且深層的呼吸法，就能幫助轉換思維，調整情緒。請記住這種呼吸方式。這種呼吸方式又稱為金字塔式呼吸法，因為金字塔愈靠近底部愈寬。你會發現自己聲音隨著呼吸方式變化而不同，變得更放鬆、更有自信。這就是掌握聲音力量的關鍵，值得持續注意。

力量泉源：橫膈膜

談到人聲的發聲器官，橫膈膜才是真正的力量來源。人要能夠說話，得靠強大的撥弦者才能辦到，重點是肺有空氣，但沒有肌肉，需要藉助其他力量才能吸氣吐氣，自己是辦不到的。這時就需要靠橫膈膜及肋間肌肉。

「用橫膈膜說話」，這個建議聽起來不錯，但是不是摸不著頭緒？以前聽到別人給我這種建議時，當下只覺得「好歸好，但到底是什麼意思？要怎麼找到橫膈膜？而且橫膈膜究竟長什麼樣子？」

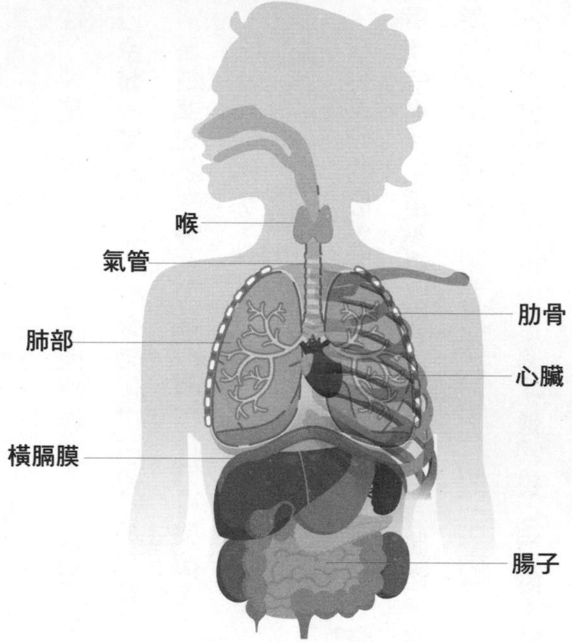

　　橫膈膜基本上是兩個鐘罩狀和中間肌腱所構成的薄膜，被胸廓保護。橫膈膜上方是胸廓所形成的空間，叫做胸腔，裡頭是空氣——心臟和肺臟位於此處。橫膈膜下方則是沉重、潮濕的消化系統。雖然橫膈膜被塞在心臟和肺底下，你還是可以用拇指輕輕在緊鄰胸骨的劍突位置下方按一下，就能感覺到橫膈膜的前緣（如果你剛好有穿胸罩的話，位置就在胸罩緞帶下方）。然後繼續用手指沿著肋骨下緣摸到身體兩側，橫膈膜就是緊貼這個位置，連到腰部。

珍・霍爾（Jean Hall）在《呼吸》（*Breathe*）這本書提到橫膈膜時，形容得很好。她說：

橫膈膜就像是一隻水母，觸手就是兩條肌腱（橫膈腳）。想像一下水母鐘罩狀的身體一開一合，藉此在水中移動。人的橫膈膜也是同樣道理：吸氣時橫膈腳會收縮，將橫膈膜推向骨盆，讓肺有空間可以擴展，於是腹部跟著突出。反之，吐氣時橫膈腳會放鬆，讓橫膈膜能夠浮上來，擠壓肺表面，讓氣出來，於是腹部跟著收縮。[5]

當你是用橫膈膜在呼吸（按：腹式呼吸）時，整個人的舉止會十分連貫，不論動作、說話或思考，都能夠保持鎮定與完整。不再需要像是手部動作這種肢體語言，因為全身上下合一地在運作。不再需要煩惱身體各個部位，而逐漸理解身體要保持單一整體，才會運作得宜。煩惱肢體語言，說穿了只是枝微末節，你要抓到重點，全身才能合為一體運作。關鍵就在橫膈膜。這也是為什麼古希臘人會把這種強大的雙鐘罩狀肌肉，稱作是「統合各種可能的人類表達形式」。

水母呼吸法

每當有幾分鐘空檔，在家，搭大眾運輸工具前往演說的路上，或是等待會議開始的時候，都很適合做一下這個練習。事實上，有空的時候都可以做。我相信你會找到適當時機。

用橫膈膜呼吸美妙之處在於，能夠讓身心鎮定，聲音專注。就這個角度而言，它是讓你說話有自信的終極練習法，因為橫膈膜是提升人的自信心的關鍵。每當想要更熟悉運用橫膈膜時，可以複習一下。

1. 吸氣時，想像有一隻水母在體內下沉，吐氣時則往上游。
2. 準備吸氣時，感覺一下肋骨向內縮（背靠在椅子上可以感覺到，或者把手放在肋骨上也行）。靜靜讓空氣從鼻子進來，感覺到背部肋骨向外推，讓空氣下到肺的最底部。注意這時會出現先前在第51頁提到的吸吐之間氣的停留，氣進來，身體靜靜等待，然後氣再度出去。不用做任何事，只要等待，然後觀察氣進到身體後，會有個間隔停留，氣才會再吐出體外。
3. 呼吸時要相信身體。相信整個系統。讓空氣自行運作——看是要嘴巴閉上，靠鼻子呼吸，還是嘴唇微微張開，讓空氣也能從嘴巴進出。總之，選擇你覺得最舒服放鬆的方式，讓呼吸輕輕鬆鬆。呼吸如果變得費力或是很吵，就提醒自己身體在睡著時的運作方式是最好的，所以愈是不刻意，結果會愈理想。放手讓它自己運作，放鬆，觀察，感受氣的流動。

4. 做完幾分鐘水母呼吸後，手指放在肋骨劍突處，你會發現橫膈膜的前緣變得柔軟許多（見第57頁）。

養成習慣後，呼吸時就會吸得深沉，擴散到肋骨下方，而非集中在胸部上方，吸得太淺。

呼吸思緒與情緒

說話靠吐氣，整理思緒靠吸氣，吸吐之間的停頓，則用來補充精力。做得好的話，觀眾不會注意到，因為他們還沉浸在你剛才說的內容。古羅馬人了解箇中道理，這也是為什麼英文「inspiration」（靈感）的字根會來自拉丁文「*spirare*」，即「呼吸」之意。

當你用橫膈膜方法呼吸時，借用美國作家瑪雅．安吉羅（Maya Angelou）的話，就是在「用靈魂泡字」。心臟和橫膈膜彼此貼得很近，根據研究指出，橫膈膜的運動形同給心臟做內部按摩，甚至能減少心臟病發作的機率。[6]心臟與聲音之間的關聯性可以進一步延伸到語言方面：當我們說「我的話發自內心」時，多半也是在用橫膈膜方法呼吸，氣很集中。全神貫注的講者都是用這個情感中心說話。大家不只會記得講者說了什麼，還會記得這些話給我們什麼樣的感受，因為這些講者自己已經先感受到了。在這個年代，大家追求的正是這種質感的能量，能夠彰顯出親密感、人的脆弱、實實在在的人的感覺，而非封閉感。數位時代中，厲害的講者都具備這些特質：開放心胸、放鬆自在、懂得表達，而最能夠發動這道能量的方法，就是讓身體放鬆，讓橫膈膜這隻「水母」自在擺動（見第58頁），好能夠連結到內心感受，用聲音正確表達出來給聽眾。

科學研究指出，人的情緒和呼吸方式是有關連的。科學家在二〇〇二年一份研究中指出[7]，人的不同情緒會帶給橫膈膜不同反應，苦難、悲傷、憂愁等負面情緒會導致橫膈膜不夠活躍，呼吸變得短促、不規律，而且集中在副乳肌肉上半部。反之，像是開心、愉悅等正面情緒則會讓橫膈膜更加活躍。臉部表情也有幫助，笑一下加上快樂呼吸，二者組合威力強大（想必大家都遇過別人笑臉盈盈，嘴巴上說著「祝你有個開心的一天」，從呼吸卻感覺不出很開心，欠缺說服力）。

與人能相處融洽，也和橫膈膜有關，因為當你同理別人時，橫膈膜也會有所反應。這也是為什麼當一個人認真傾聽、認真陪伴對方時，他的聲音會聽起來很自然、如同對話般悅耳。當一個人認真傾聽別人說話，就會和他們一同呼吸，一開口即產生強大的情感連結，因為會和對方同步呼吸，彼此的聲音也是同步的。這和人一邊說話，卻一邊想著別的事情，或是自言自語的感覺很不一樣，因為這些情況呈現出來的聲音質感會不同，表情也會有些古怪，他們會做出覺得你想看到的表情，聲音卻讓人聽起來心不在焉，毫無生命力可言，因為心不在你這邊。很虛假又很讓人厭倦。不要當這種人，不要假裝，要真正陪伴，不只是要用耳朵，還要用身體、呼吸和全心去傾聽。這樣說起話來就能有自信，因為你會很鎮定，而且能夠傾聽。

如果要幫助自己的聲音進步，就請重新學習說話時用橫膈膜呼吸（所有人小時候都知道怎麼做，但後來反而忘掉了）。請你重新學習，之後說話時聲音和自信將大為不同。本節最後一項關於呼吸的「撥弦者」練習，將帶領你發現這種呼吸方法的強大威力。你可以再將這種感受發揮到說話情境。

試試看：橫膈膜上負重

這項練習真的很棒，改變了我的一生，務必試試看。如果覺得晚上很難放鬆，也很適合做做看。

以前我一直無法理解橫膈膜的運作，也找不到它的位置，但有在練皮拉提斯、瑜伽和武術的人，都懂得用橫膈膜呼吸（腹式呼吸），這一點我們可以向他們學習（見第165—168頁）。先前我的瑜伽老師布萊恩發現我的呼吸過度集中在胸部和肩膀，便要我「躺下來」，將啞鈴放在我的橫膈膜位置。這時，我瞬間開竅了。瑜伽經常要人在橫膈膜上負重，因為可以透過負重器材在吸氣時被抬舉起來的感覺，更加了解橫膈膜。一旦抓到那種感覺，以後到哪裡都容易掌握。

以下練習需要用到兩本書，一本書墊在後腦勺，以確保躺下來時脊椎有對齊，另一本書（要有重量）放在肚子上，才能感覺到橫膈膜上下起伏。

剛開始做的時候會想睡覺是正常的。因為身體比較習慣在醒著的時候用胸部呼吸，而在睡著時用橫膈膜呼吸。多練習，把它變成新的日常呼吸法，之後做的時候就能保持清醒了。

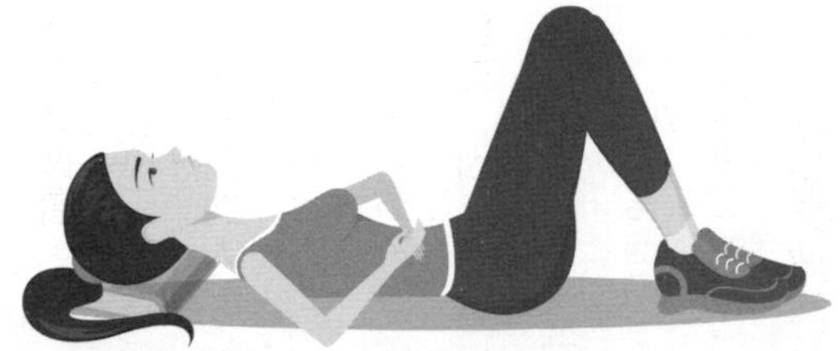

1. 躺下來，墊一本書在後腦勺，看是要屈膝雙腳貼地，雙腳與肩同寬，膝蓋朝內接近併攏，或是要將小腿以下兩腳置於椅子上（這個姿勢會很舒服，因為背部下方承受的壓力變小）。
2. 將另外一本重的書放在肚子上。
3. 感覺到頭的重量向下沉，請順其自然。
4. 雙眼放鬆，眼皮覺得重沒有關係，乾脆閉上也行。
5. 靠全身骨頭支撐自己，感受一下肌肉放鬆、「掉入」地面的感覺。
6. 背打直，肩膀擴張，脖子放鬆，眼睛放鬆。可以用一句話來形容：

「眼睛柔和，打開橫膈膜」。

7. 呼吸。做一下先前提到的反射呼吸，記住，呼吸是一股波浪，順其自然不要干預，氣就能輕鬆吐出。在下一次吸氣之前，會有一段停頓，氣才會被吸進來。之後又會有一段停頓，身體才會把氣吐出去。書本作用是讓你能夠感受到這整串運動，吸氣時感覺到書被抬起，停頓時書靜止不動，吐氣時書就下降，停頓時書又靜止不動，如此周而復始……一旦抓到這種感覺，對於串起聲音與動作會很有助益。書往脊椎方向下降時，說一下話——說出一週的每一天，然後停頓，讓書在吸氣時開始上升，再開口繼續說話。

坐著也可以用腹部呼吸。一隻手放在腹部，感受呼吸韻律。如果背貼著椅子，還可以感覺到吸氣時背部肋骨會擴張，推擠椅背。固定這樣練習，就會開始發覺自己能夠運用橫膈膜力量說話，渾厚放鬆的聲音力量將脫穎而出，展露自信。

聲音共鳴：你的身體

人聲這項樂器光有弦和撥弦者還是不夠，需要有個東西和它共鳴。雖然喉頭會讓空氣震動，但人的聲音遠遠不能只靠震動。所幸人的頭顱及其他骨骼上有許多洞，很適合替你發出的聲音形成共鳴。人的聲音都是先從拉扯聲帶這條弦開始，接著原始聲音會在頭內充滿空氣的空間共鳴，咽喉則像是吉他的琴身，只不過能夠改變形狀（試著打哈欠和說話），聲音會隨之變化。

雖然大部分共鳴都集中在喉頭以上位置，但也不光是靠喉嚨就能辦到共鳴，其他身體部位也有貢獻。人有一種感受叫做同和共鳴（sympathetic resonance）——低音在胸部位置震動，高音則在頭部位置震動（見第69頁）。這種共鳴會產生一種嗡嗡的感覺。回想一下自己愛聽的音樂，在體內肯定會感受到一種很放鬆、很歡喜的嗡嗡感，彷彿是一個人用全身在說話似的。人的聲音音質一部分是自然因素所決定，取決於共鳴物的形狀（喉頭、咽喉、軟顎），另一部分則是後天養成，也就是因為家庭或周遭環境的關係而養成的特定習慣。但由於人有很多可動部位，所以人的聲音其實含有彈性，不會一成不變。

一旦你的聲音出現輕鬆渾厚的共鳴，大家就會豎起耳朵傾聽。過去曾經有研究探討人對聲音的選擇偏好，結果發現人會偏好低沉且集中的聲音。這能解釋為什麼柴契爾夫人和自古以來的政治人物，都會那麼用心磨練聲音。不過，儘管全世界都執著於要讓聲音聽起來低沉，許多人也會把自己的聲音刻意壓低，好讓自己說話內容更加可信（但並沒有），其實大家想要聽到的是開放而非壓抑低沉的聲音。不要刻意讓自己聲音變低沉，讓聲音宏亮共鳴比較好，這樣能夠產生更多嗡嗡的蜂鳴感且更加緩和，因為全身處於放鬆狀態，聲音十分開闊。那麼，該怎麼做才會出現嗡嗡的感覺？

試試看：讓聲音產生蜂鳴感——開啟共鳴

有兩件事是你做的時候就會自然產生共鳴——打哈欠和大笑，也是幫助你打開聲音的良藥，不論體外或是體內空間，但空間中必須要有硬表面讓聲音能夠不斷反射才行。只要設想一下在寬廣的廁所內發聲，絕對會比在狹小電梯空間裡發的聲音還要好，道理就不難理解。來試試看這樣的練習：

1. 後排牙齒區域維持多一點空間，並且在説話時維持比平時説話時嘴張得更開，這樣聲音馬上就會出現更多共鳴，因為你創造出更多空間。
2. 要讓聲音更加宏亮的話，試著打個大哈欠，或是大笑一下。你會感覺到牙齒到喉嚨這段距離變得更寬。同理，當你用腹部的力量大笑或打哈欠，身體也會變得更寬闊。注意到在打哈欠時説話，或者在類似打哈欠感覺時説話時，你的聲音很容易就會聽起來有共鳴，並感覺到嘴巴後方軟顎向上抬，形成一個讓聲音可以共鳴的喉嚨空間。
3. 現在，用打哈欠的感覺説話，是不是感覺到聲音更加宏亮、渾厚。
4. 手指輕輕觸碰緊鄰鎖骨上方的氣管任一側，笑或打哈欠時手指不要放開，你會發現氣管在擴張。
5. 保持這個氣管寬度，然後説話，聲音就會聽起來很宏亮。每當覺得自己聲音很緊繃時，就回想一下可以用大笑或打哈欠這套方法讓聲音變得宏亮。一個人獨處，或者準備要帶著自信上台演説前，不妨多加練習。

打哈欠的威力

打哈欠是一種讓自己聲音變得宏亮的好方法，喉嚨會感受到那種美好又自然的空間感。不論是在工作場合、社交聚會或是每天剛要開始幹活，可以在説話之前先打個哈欠。如果同時做個暖身操，更能夠有效活絡全身筋骨，讓你感受到自己所創造出來的空間感。現在，就朝那片空間説話吧。

口音與共鳴

不同口音有不同的共鳴方式，會在不同地方出現蜂鳴感。用不同口音説話，是不錯的探索共鳴方法。試著模仿電視或廣播節目的各種口音，在模仿的過程中，其實就是重新塑造自己的共鳴箱。

可以試著模仿不同腔調，你會發現隨著軟顎降下，聲音也會隨之從鼻子出來，可以感覺到氣幾乎傾鼻而出。

反之，若想試一下軟顎抬高的感覺，則説聲「啊」，感覺嘴內頂端的軟顎升起，接著說「啊拉巴他」，你會感覺到喉嚨後方出現很開闊的空間，這是公認很老派的英國發音方式，聲音圓渾，共鳴十足。

當自己的聲音工程師

了解到聲音如何和身體產生共鳴後，就可以開心當自己的聲音工程師，自覺地發出不同音域的聲音。像是頭腔音（head voice），就是在聲音在頭頂產生共鳴，屬於女高音音域。再來是胸腔音（heart voice），聲音在胸部共鳴，屬於中音域。最後則是腹部音（gut voice），聽起來低沉。身為講者，如果能夠在這幾個音域遊走自如，你就能成為自己聲音的工程師，一定程度掌控聲音，因為自己感覺得到走向。像是在會場，如果要給自己聲音增添權威感，就用腹部共鳴；如果要和聽眾搏感情，就用能夠引起共鳴的溫和胸腔音。如果想要聽起來特別宏亮，可以多增加鼻音。不喜歡鼻音的話也可以不要用。

1. 先挑一個覺得舒服的音高，用打哈欠的方法發出「媽」的聲音。現在，我們要來玩個遊戲，要用手拍拍身體不同部位來發音。坐著或站著都行。

2. **腹部音：**一邊拍肚子和背，一邊説「媽」。感覺到聲音在下半身共鳴。拍拍背和側面肋骨，感受一下聲音和骨頭產生共鳴。接著扭腰，把聲音甩出來，你會感覺到聲音根植在身體深處，音色聽起來既連貫，又很深情。每當需要力量的時候，腹部是很棒的共鳴點。

3. **胸腔音：**一邊説「媽」，一邊像泰山一樣拍胸口。是不是感覺到胸骨有聲音的共鳴？腦中想著你愛的人，一邊微笑，然後再説一次「媽」，同時拍胸。你會感覺到胸口聲音如此溫暖，所以每當演説需要加點溫度時，就用胸腔音。

4. **頭腔音：**有些聲音屬於頭部。請做出彎月般的笑容，然後發出「咪」的聲音。維持笑容不動，拍拍看鼻竇及頭顱，是不是可以感覺到頭顱有高音的共鳴？這就是頭腔共鳴，可以運用在需要能量的時候。

加點鼻音或是鼻腔共鳴，可以讓頭腔共鳴更大。像是學孩子在戶外玩耍發出的「醸、醸、醸」聲音，會感覺到聲音在鼻子與鼻竇出現共鳴。此時若再用手做出杯蓋狀，蓋在鼻子上方時，會輕微感覺到聲音的蜂鳴感推向前方。在空間大一點的地方，這種向前推進的感覺會讓聲音變得更加宏亮，傳到會場各個角落。如果不想要那麼重的鼻音，可以想像把嘴巴的頂蓋移除（就像去看牙醫時説「啊」那樣）。

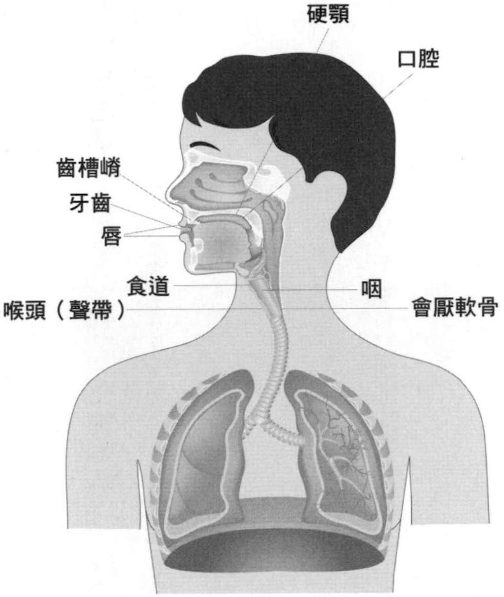

咬字清晰：塑造自己聲音

如今你已逐漸掌握到說話方式，這得歸功於理解發聲器官如何運作。但還有一個面向要考慮，那就是發音咬字，也就是用來塑造聲音的肌肉。

人主要是靠嘴唇和舌頭來發音，兩者又必須靠下顎放鬆、臉部肌肉活躍才能辦到。發音器官會讓人的聲音聽起來有形有力、充滿肌肉感，說起話來讓人覺得你思路清楚，很會說話。你一開口別人就想聽，每字每句都有情感連結。咬字清晰很重要，因為代表說話的人思路清楚，也表示說話的人在意如何清楚表達自己的意思。發音咬字無關乎口音，任何口音的人都可能咬字清晰，也可能咬字不清晰；發音咬字的重點是要有肌力，用說話肌肉清楚塑造聲音，你就會覺得精力充沛，充滿幹勁，這對引起觀眾注意力有很大的影響。

如何讓咬字更清晰

若打算從肌肉層面下功夫，讓發音變得更清晰的最好方法，就是先輕輕給臉部、下顎、嘴唇與舌頭做個暖身操。歌手和演員經常會在演出之前先做這種練習，你也可以早上在家做，用這種練習喚醒所有器官。

1. 用兩手的手掌跟貼著臉部兩側下顎骨向下滑，感覺到下顎打開，並讓下顎保持沉重開啟狀態，而且後排牙齒之間要感覺有空隙。下顎愈放鬆，愈方便說話，因為提供聲音所需的空間。
2. 現在也按摩嘴唇和臉頰。嘴巴動一動，像一匹馬那樣用力從雙唇噴氣，然後嚼一片想像中的大片口香糖，會感覺到臉頰肌肉在動。這些肌肉正是發音的關鍵。說一下「嗚」，會感覺到兩頰縮進去，聲音才能被推擠出來。然後說聲「一」，則會感覺到兩頰變寬。

3. 吐出舌頭，感受一下它伸展的樣子，並用舌尖比劃自己的名字。

4. 說「媽媽趴趴巴巴」。人得靠嘴唇才能發出子音，所以它必須運作得宜。

5. 用舌尖說「拉拉拉」，會感覺到舌頭會跑到嘴內上端。然後改說「他他他」，接著是「搭搭搭」，會感覺到舌尖位於牙齒後方。

6. 說「咖咖咖嘎嘎嘎」，感受一下舌根動的感覺。

7. 然後說話，要說得像是給有聽力障礙的人聽那樣，咬字完整。

8. 回到正常說話情境，套用剛才的這套模式，說話時要加點肌肉力道。

咬字清晰和肌肉有力能帶給你自信，產生活力，這樣聽眾便會聚精會神聽你說話。學習把每字每句說得清楚很重要，因為這表示你就是聲音的真正主人，能夠實實在在把話給說出來。

放膽說話

人的聲音是活力的象徵，但表現這種活力有時可能會讓人容易受傷。切記一點，練習會讓聲音有所起色。剛開始要踏出舒適圈，可能會需要一點膽量，不過一旦踏出去之後，你就會發覺聲音和自信雙雙迅速有了起色。這一點可以從我最近參加合唱團的經驗得到印證。

長久以來——即便當年已經開始接受聲音老師的訓練——我一直以為自己與唱歌這件事無緣。「唱歌好聽的人」都會去考合唱團，有證照，而且「有資格」唱歌。直到有一天，我聽到一個在地合唱團唱歌，感覺出來他們非常快樂，不認為這件事有多麼大不了，純粹只是很享受大家一起唱歌，聲音聽起來非常投入。聽著聽著，竟讓我眼角泛起淚光，事後每週都讓我想唱歌。我發覺自己要多投入一點靈魂，人生需要多一點音樂。長久以來，不論在學校或其他場合，我一直在等誰來告訴我我可以「當歌手」。此時，我驚覺如果要這樣等下去，恐怕一輩子都等不到。真正能夠允許自己當歌手的，不是別人，而是自己，誰說一定要當完美歌手？我的聲音並不差，只要克服焦慮不安就行。這一切聽起來是不是似曾相似？

所幸加入合唱團不需要考試，只要不走音，聲音聽起來有力量即可。我不管會不會焦慮不安，先報名再說。第一次團練之前滿腦子都是負面念頭，一直惴惴不安。這樣做太冒險了吧。我一定會被批評，被人品頭論足。說不定會很蠢很丟臉。更糟的是，可能會被人從此封殺。雖然我不是歌手，但我告訴自己，可以去試試看。為了避免慌張，我需要練習所有聲音基礎技巧，也就是本書的內容。得先做好準備才能登場。

後來發現，這個合唱團比我想像得還要走大眾路線，而且好玩。我們唱「殺手樂團」（the Killers）、「佛利伍麥克」（Fleetwood Mac）、「蒙福之子樂團」（Mumford & Sons）的歌，而且我發現只要放下憂慮，就能唱得盡興。回家路上整個身體都沉浸在律動中，耳邊不斷迴盪著「殺手樂團」唱的「我幹的好事」（All These Things That I've Done）這首歌。真的覺得人生有點朝氣了。隔天一早醒來時，音樂還在腦海裡無法散去，證明了唱歌十分有益。

那我現在算是歌手了嗎？沒錯，我是歌手，而且持續學習唱歌。至於和別人比較起來，我唱得是好是壞？並不重要。有時候難免還是會有點在意自己視譜能力不好、有些音唱不上去、高音時聲音飄移不定，但其實在這個樂團裡，這些問題影響不大。一旦放下憂慮，你就會發現重點其實是在所有人合唱的聲音，沒有人會在意你聲音聽起來如何。重點是不同人合起來的合聲——女低音、女高音、男高音、男低音，各有各的音色。所有聲音結合在一起，成為新的聲音。個別聲音聽起來還行，但集體聲音聽起來就變得很棒。

你是一名講者，也在學習如何講話。鼓起勇氣，踏出開口的第一步，愈常開口，就會變得更有自信。

試試看：唱歌（可在洗澡時、車上或廚房裡做！）

一天用幾分鐘時間改善聲音與自信，其實很容易做得到。聲音對人有益。研究指出，唱歌能夠刺激腦內啡分泌，減輕壓力，增強免疫功能[8]，而且是讓聲音更有活力的簡單方法。唱歌的時候，會完整自然透過聲音表達出人的自我。請忘卻煩惱和怯羞，把自己當個孩子。我以「生日快樂歌」當作以下練習技巧的曲目，因為這首歌大家都會唱。但你也可以挑一首自己喜歡的歌來練習，可以一邊放音樂，一邊唱。不會唱也沒關係，不如先用哼的？

1. 唱「生日快樂歌」，體會唱歌前吸氣的感覺。肋骨會打開，橫膈膜會下降，開始唱歌時空氣會慢慢從體內吐出來。有沒有發現自己很自然能夠唱出不同音？

2. 留意吸氣深沉之處：

    1. 祝你生日快樂
    2. ＊吸氣＊
    3. 祝你生日快樂
    4. ＊吸氣＊
    5. 祝你生日快樂
    6. ＊吸氣＊
    7. 祝你生日快樂

3. 將同一首歌的歌詞，從唱切換成說。你會感覺說起話來聲音有股輕鬆力量，感受到能量上升，聲音質感也隨之提升。

你會發覺唱完歌之後，聲音聽起來不一樣了。將這個歌唱能量用在說話（音調除外！）。下次需要帶著自信演說時，可以當天提早先唱首歌，如果有適當私人空間，也可以在上台前一刻才做。你會發覺自己的聲音聽起來更加共鳴、更有自信。愈是樂於運用你所擁有的神奇發聲器官，愈是會覺得聲音好聽，身體自在，因而感覺更有自信，而且這份自信既輕鬆，又自然，不刻意。

提問時間

問：為什麼會發不出聲音？

答：聲帶是很脆弱的器官，不用腹部力量，反而聲帶太用力時，就形同長時間拍手，手會拍到長繭。聲帶長繭就會阻礙聲音震動。如果聲音聽起來沙啞或有氣音，或是平常能夠駕馭的音域，現在卻無法駕馭，或是因為過度說話而喉嚨痛（不是生病緣故），建議就醫。

任何人聲帶都有可能出問題，不是只有表演人士或像是老師、講師等靠聲音吃飯的職業人士才會如此。但你可以學習不傷害聲帶的發音方式。可以去找找看合格的語言治療師。覺得聲音有問題的話，務必找專家協助。

喉頭放鬆，讓它好好運作，呼吸時運用下半身施力，你就會發覺聲音聽起來更健康、更有力量。

保護聲音的三個好習慣：

1. 保持良好站姿（見第140—168頁的姿勢練習）。
2. 喉嚨下顎放鬆（見第66—68頁的共鳴練習）。
3. 下半身出力（見第58—59頁）。

問：為什麼講話會口齒不清？

答：必須要靠自覺，說話肌肉才會運作得宜。如果你發現自己講話會口齒不清，或是別人會要你再說一次，那建議早上可以做一下咬字練習（見第72—73頁）。就算只做一分鐘，也可以讓說話肌肉暖身，咬字就會更清晰，說起話來會更有自信。

問：**聲音要如何變得更厚實？**

答：想要聲音更厚實、層次更豐富，必須讓身體更能夠針對低音產生共鳴。最輕鬆自然且有效的方法，就是用橫膈膜（腹部）呼吸。做一下腹式呼吸法的練習（見第58—59頁），加上姿勢練習（第140—168頁），再輔以稍早在「打哈欠的威力」及「當自己的聲音工程師」小節提到的練習，必定會讓你發出美妙且獨特的低音。

問：**聲音要如何聽起來更吸引人？**

答：聲音聽起來會很平，是因為身體缺乏活力。做個伸展操，散步一下，爬爬樓梯。喚醒整張臉與表情，會覺得能量全都回來了。如果每天都覺得聲音很平，最好的解決方法就是唱歌：開車時也唱、在廚房也唱，到處都唱。很快你的聲音就會變得宏亮，能量滿分。

問：**為什麼我的聲音被錄起來後，聽起來不太一樣？**

答：你不是唯一一個討厭自己錄音聲音的人，甚至還有專有名詞用來形容這個現象，叫做「聲音衝突」（voice confrontation），也就是講話時自己耳朵聽到的，和從錄音上聽到的不一樣。雖然震動的聲波從外面傳到鼓膜時，人所聽到的自己聲音不會有偏差，但人的頭顱裡也有聲音，而且這個聲音震動會讓你聽到別人聽不到的低音域。此外，人在聽自己聲音的錄音時，也會覺得有種自己暴露在外的感覺，令人覺得很脆弱。一九六〇年代曾有研究指出，人在聽到自己聲音的錄音時會有情緒性反應，因為一方面聽起來不符合預期，另一方面錄音會揭露出人的心裡感受，以及沒有預料到當時是這樣想事情。一旦你了解聲音如何運作，就更能掌控聲音[9]；一旦更能掌控聲音，就會在聽到自己聲音時不會感到不舒服——因為你知道可以用「聲音工程」的方法自行調整不喜歡的地方。

小結：聲音重點回顧

- 馬斯洛需求層次理論的第一層，是認知到人的生理。希望你現在已經能夠理解你的神奇發聲器官如何運作。

● 記住這個比喻，聲音就像一把吉他：聲帶是弦，呼吸是撥弦者，身體則是共鳴箱。學習讓呼吸變得有力量，打開共鳴箱，鍛鍊發音器官肌肉，那麼彈起聲音這把神奇「吉他」就會很有自信。

● 透過練習讓聲音進步。狄摩西尼當年都可以用信念與練習克服困難了，你也可以。找出喜歡的練習項目，每天撥出一點時間做做看。如果只能從這一章吸收一件事，那就請你留意呼吸與思緒的搭配。好好吸氣，讓它成為驅動你說話聲音的有力燃料。

● 唱歌也能讓你說話更加自如，而且充滿樂趣。不論是參加合唱團，演戲，或是加入演講社團，務必保持好奇，看看有什麼機會能和別人的聲音擦出火花。另外也請挺身而出為自己在意的事發聲。繼續保持這種好奇心，就會發現當你願意「發聲」，自信也會隨之增長。

第2章

找到鎮定中心

人害怕或是不安時，多呼吸能夠感到興奮。屏住氣反而會再度陷入恐懼。

精神科醫師弗烈茲．皮爾斯（Fritz Perls）

不知道你有沒有想過一個問題，為什麼和朋友聊天的時候，說話不自覺地就能很流暢，但是遇到不自在的場合時，說話卻再也不輕鬆？當生活中遇到愈來愈多逆境時，這種影響很明顯可以從說的話聽出來，也看得出來。種種變化會讓你覺得失去控制，喉嚨緊縮，呼吸變淺，心跳加速。你的聲音會跟著發抖，手腳有時也會。有種一切都被看穿的感覺。

許多人就是因為控制不了這種狀況，才會覺得沒安全感，因此害怕在大眾注目之下說話，甚至避免做這件事。但我要你理解的是，如果聲音變糟，並不是因為你是個不好的講者，也不會永遠都很糟。這無關人的身分，單純只是你的神經系統在面對外來敵人時，把它當作一種威脅，並簡單地發出合理回應。一旦理解為什麼會出現這種壓力回應，自己又能怎麼處理時，你就真正開始能夠掌控說話這件事，並握有自信說話的關鍵。

不論面對的是現場觀眾、攝影機，或是麥克風，如果能夠有自信與有把握地在大眾注目下說話，是不是很棒？如果再怎麼緊張，也不會說話太快、說話臉紅、急促含糊、咬字不清，是不是也很棒？這就是本章要探討的重點。我會讓你知道如何找到自己的鎮定中心（calm center），也就是在壓力之下能夠保持鎮定。這個鎮定中心會帶你到馬斯洛理論的下一個需求層次——安全感。而安全感能夠讓人在神經系統中覺得自己和朋友待在一起，繼而讓人到達第三個層次——關係與歸屬感。對講者而言，找到自己的鎮定中心是用來提升自信心的強大方式，可以滿足兩個需求層次，即安全感與關係。

一旦找到屬於自己的鎮定中心，別人一定會注意到，在眾多講話急促的講者當中，你顯得特別突出。TED 演講、播客和影片上評分高的講者，說話都不疾不徐，投入感情，而且姿態輕鬆，儘管面對眾目睽睽的壓力，聽起來卻像是在跟老朋友聊天。這就是講者找到鎮定中心之後會具備的特質。既然已經了解發聲器官的運作原理，那麼便可以某種程度上掌握自己的神經系統，不論到哪裡說話，都可以使它變得安心且有自信。

- 我們會探討數位時代下自信心的惡性循環，讓你知道這些電腦通訊產品如何影響人的神經系統，繼而影響人的聲音。
- 我們還會探討在公眾場合演說時，你是如何被自己的神經系統擊潰。我會告訴你神經系統的兩個面向——姑且稱之為朋友和敵人——這兩個面向都會影響你說話。還會探討如何讓自己的神經系統回復鎮定，這樣不論到哪裡都會有自信。
- 你會學到如何在兵荒馬亂及各種注意力難以集中的場合下，找到鎮定中心，讓自己每次說話都能夠平靜且有自信。你會發現從事每日儀式的力量，也會了解為何上台說話前一刻什麼事都不做，反而是最好的方法。

被別人關注的緊繃感

被別人關注是一件很有意思的事，對不對？比方說，沉浸在朋友的關注之中，會讓人感到十分安全，甚為美好。但走上講台也是被別人關注，卻會令人感到難以承受、飽受威脅、失去控制。人時常無法有意識地從搖搖欲墜、失去控制的情境，轉換成輕鬆的情境。但這其實是可以辦到的，一旦知道如何在一群觀眾面前輕鬆自處，你會突然發現多出時間可以用於思考。你會擁有餘裕，可以用最鎮定、最棒的姿態回應觀眾，不再是往日講話會發抖且惴惴不安的那個你。

線索經常藏在語言之中，答案亦不例外，但是你得要願意探索。英文「關注」(attention)一詞，其實是來自拉丁文ad（朝向）與tendere（延展）二詞的結合。字面上意義就是朝某個方向延展。很貼切，對不對？所有觀眾瞪大雙眼，視線延展到你身上。tendere還有另一個和接下來要談的有關的衍伸詞，那就是「緊繃」(tension)，你會覺得有種大家都在看你的緊繃感覺，也只能任由自己被他們觀看。厲害講者的秘密武器，就是即便知道關注蘊含著緊繃感，也學會將關注視為溫暖、舒服且正向支持的一種擁抱，而非要致人於死地的鎖喉拳，或是得要加強防禦的殺人目光。

你也許有過這種在大庭廣眾場合被鎖喉的感覺，屋子的人注視著你，令你無法動彈，這種感覺並不好受。你身體的反應，就像是被鎖喉，變得緊繃、呼吸急促、說話速度變快。

聲音聽起來十分單調而且防備心重。聽眾也會聽得很緊繃，注意力不集中，讓狀況變得更糟。這種鎖喉現象會產生惡性循環，讓你更加認為自己是很糟糕的講者。你會因此找理由不去演說，也不再會想要練習，而且上台的前一晚你會徹夜難眠，擔心出糗、被人指指點點，還有恐懼。

其實，那些「有自信」的講者，也會遇到這種恐懼，你一定看過有些人說話大聲，演說時費盡力氣，全身緊繃。如果仔細看，仔細聽，就會察覺到他們害怕的跡象：聲音僵硬、斷斷續續、過度刻意的「自信感」，以及眼神凝視得太過用力。如果我在影片上看到自己有這種現象，我會從中學習，這代表我在開始說話之前，沒有調整好自己。觀眾永遠看得出來你是不是在害怕，因為他們可以感受得到你的壓力和刻意。好在只要稍微理解神經系統如何運作，就能夠避免受到關注的影響。

許多人沒有了解到的一點是，在大庭廣眾面前慌張，這種感覺其實是好的。與其變得緊繃，防備起來，反而可以試著開闊心胸，想像自己在擁抱眾人，將眾目睽睽的眼神當作是一股力量，展臂迎接。這會讓你願意踏出去，表達自己的意見，將恐懼化為能量，化為優雅，甚至化為興奮。一旦習得在眾人面前保持鎮定的精髓，你的身上會出現一股美好、隱形的超能力，讓大家因此稱許你是非常厲害的天生演說家。

一旦能夠鎮定，就不再會感受到說話倉促的不適及難以忍受的強度，反而會覺得有餘裕、優雅、安全自在，即便眼前觀眾不計其數也是一樣。你不再是一輛出軌列車，說話平靜，而且像是在和老朋友聊天似的。我希望你的內心變得有自信，不論什麼情況下，每次上台說話都能找到這份自信。

想要讓自己不再因為眾目睽睽而覺得像是遭受攻擊，那就必須了解在這種情況下的神經系統變化，特別是電腦通訊產品給人帶來的影響。

電腦通訊產品對神經系統的影響

人與電腦通訊產品的當前關係，可謂夾雜長期壓力、自主神經系統與呼吸不順的黑暗曲折故事。但其實這段關係可以變得更好……人需要正視科技生理學，培育出和姿勢、呼吸有關的新技能。

作家、講者暨顧問琳達・史東（Linda Stone）1

不知道你有沒有發現，現代人說話的速度似乎比以前快許多？有沒有想過為什麼會這樣？有沒有發覺到自己有時候說話能夠平靜有自信，有時候卻又十分急促，緊張到說話快得不得了？每當聽到別人針對講話這件事大吐苦水，我通常第一個想問的問題都是：「你說話的前一刻在做什麼？」然後我從他們的回答發現，說話之所以不順，多半都和手機有關。現在大部分的人生活不能沒有手機，但手機會對人的神經系統產生重大影響，再加上人的聲音攸關呼吸，手機也會因此對人站上台講話的方式產生頗大影響。

當你的聲音聽起來抖動不定，無意間就表示你已經陷入敵對狀態——要麼起身對抗，要麼逃跑。腎上腺素、皮質醇和血液紛紛奔向身體各部位，好讓你能夠奮力一搏、躲起來、拔腿就跑，或是僵住不動。這些古老的慌張機制很適合幫助人生存下來，但不適用於說話的場合。目前我們已經知道，一旦這套機制出現變化，幾乎都會在同一時間反映到人的聲音上。所以才會有很多人把公開場合演說和敵人畫上等號。光是想到講台、聚光燈、或是講稿，也可能會令完全理性的人陷入「鬥或逃」的情境。雪上加霜的是，電腦通訊產品也會讓我們陷入前述「鬥或逃」的情境。如果不能夠好好掌控自己，那麼可怕的觀眾加上數位習慣，會讓你上台演說前就先壓力爆表，十分有害，而且讓你自始培養不出信心。

你是否留意過自己在接收手機訊息時的呼吸狀態？曾在蘋果公司及微軟公司擔任高階經理人的琳達・史東，就注意到一種固定模式。不論走到哪，周遭的人都是屏住呼吸在看手機。深究後發現，多達八成的人在回訊息或是電子郵件時，要麼會屏住呼吸，要麼呼吸很淺。[2]也有其他研究支持這樣的結論，像是舊金山州立大學的艾瑞克・佩博博士（Dr. Erik Peper）就發現，在打手機訊息時，受測者脖子和肩膀肌肉會變得緊繃，呼吸也會變淺、變快。[3]一旦呼吸變淺，就會讓人開始焦慮不安。以你目前對發聲器官的了解，大概能夠體會到這種狀況會對講者的自信心產生很大影響。

問題是，人的習性不斷快速改變，讓人難以完全掌握各種習性對人類聲音的影響。大家太少注意自己的聲音，以致根本不會去留意電腦通訊產品對人產生的影響。對大多數人來說，站在大庭廣眾面前演講的最大挑戰，在於如何掌控自己的神經系統——這套系統是讓自己鎮定且有自信的關鍵。我太常看到人們在上台演講前忙東忙西，多半是在用電腦通訊產品，也不會好好靜下心來進入狀況。在這個年代，如果在開會前給上班族五分鐘空檔時間，你知道他會拿來做什麼嗎？大部分的人受制於工作壓力，都會掏出手機，整理待辦工作清單。這不啻是讓一連串的人未經過濾地擠進自己的意識當中，要求得到重視：像是稅務事宜、老闆、同事交辦任務、工作上的壞消息、災難新聞……等等，還有在跳舞的小貓。在這個情況下，自然很難讓人鎮定心情，也會對說話方式產生很大的影響。

我有一位客戶，事先做好萬全準備，要上台進行重要業務簡報，但在上台的前一刻，卻不聽同事勸阻，看了手機，發現掉了一筆近期訂單。一股壓力排山倒海而來，使得思緒紛亂，肩膀緊繃，心跳加速，開始陷入「鬥或逃」情境，她的演說也隨即被這股壓力牽著走。只見她飛快走進簡報室，說話既快速又大聲，而且前後不連貫，本來具備的自然神情與儀態，早已消失無蹤。聽眾對她的簡報不以為然，使得她的團隊在爭取生意時敗給另一家公司。事後看來，開會前查看訊息顯然是很不智的行為。

以上對於手機和電腦通訊產品的觀察敘述可能會讓你覺得，這不就和吸菸有害健康一樣顯而易見？但手機和電腦通訊產品就像吸菸一樣，也會讓人上癮。已逝的加拿大哲學家馬歇爾・麥克魯漢（Marshall McLuhan）曾在《認識媒體》（*Understanding Media, 1964*）這本著作中，宛如先知般預言到人會對電子產品成癮到不健康的地步。他在「愛用電子產品的人：自戀猶如昏迷麻木」一章寫道：

電子科技的降臨，使人能夠將中樞神經系統延伸到體外，乃至於在體外創設獨立的中樞神經系統。在某種程度上，這種進展代表一種絕望且自殺性的自我截肢行為，形同人的中樞神經不再能夠倚賴身體器官作為保護緩衝。[4]

人只要一不注意，就會讓自己任由電腦通訊產品宰割。一旦手機成為人自我療癒的主要方法，就如同下賭注，不再能夠掌控自己的神經系統。

人在焦慮不安的時候，像是即將在大型會議登場，很自然地會想尋求速成的垃圾慰藉，而現代世界最簡便的慰藉，就是透過手機取得。手機上的回應會讓人更難以自拔，讓人更常去查看訊息、更少自覺、更加上癮。原本掏出手機是要轉移緊張情緒，但其實關閉手機電源、放鬆並注視自己的緊張情緒，以及試著應對壓力，反而會更好。不需要把手機上那些讓人有壓力的垃圾內容變成自己的新日常。我鼓勵你去注意手機影響自己的方式。首先，就是去留意自己盯著手機看時的呼吸方式。

試試看：你是不是屏住了呼吸？

如果你覺得電腦通訊產品會對姿勢產生不良影響，繼而對說話產生負面影響，我在這裡要說個好消息。琳達・史東的研究指出，不是所有盯著手機看的人都會屏住呼吸，或者呼吸的很淺。受過腹式呼吸訓練的人，像是舞者、音樂家、運動員、軍事試飛員，不會在瀏覽訊息時屏住氣息，他們有調節呼吸的方法，因此能夠調節腎上腺素，自己調節神經系統，保持鎮定。

- 史東的建議是，使用電腦通訊產品時必須秉持「有自覺的算計」態度，身體才能維持良好平衡。意思是使用電腦通訊產品時，要保持自覺，在需要展現鎮定有自信的場合時，就關閉這些產品。下次使用手機時，覺得身體緊繃的話，則檢視自己的呼吸。如果現在身邊有手機，可以拿起來練習一下「有自覺的算計」。
- 拿起手機，查看幾則訊息。有沒有屏住呼吸？呼吸是不是很淺？你的氣是不是集中在胸部上方及肩膀位置？如果是的話，有可能會誘發「鬥或逃」反應。或者，你的呼吸很深沉，像是金字塔那樣？如果是的話，那很好，表示你做對了。
- 如果呼吸集中在胸部位置，那就放下手機。一隻手放在胸口，另一隻手放在腹部，看能不能輕輕讓氣走到腹部及肋骨下方位置（也可以把手放到背後肋骨下方試試看）。

要養成習慣，眼睛每次觀看螢幕時，注意自己的呼吸。掌控整套系統運作的第一步，必須先從意識開始。

數位極簡主義

下次有重要會議或是要簡報的時候，如果在開始前有五分鐘空檔時間，可以考慮一下：與其在這個時候忙東忙西（查看信件、確認待辦事項、上社群網站、聽取留言……等等），不如什麼也不做？雖然表面上沒什麼大不了，但其實身體內部整個系統已經開始慢下來。你可以對自己做這種小型實驗，然後自問，是不是忙東忙西反而無助於自己在開會時鎮定心情、投入情感，而且專心聚焦？說不定這五分鐘就會是你在會議上成功的關鍵，對不對？

我對於在手機或平板上做筆記，帶到台上一邊看，一邊對著觀眾唸出來這件事，也有強烈意見。絕對不要這樣做！每次看到別人從手機或 iPad 讀出講稿，總是讓我大感失望，因為我知道他們講話會太快，而且缺乏情感連結。當講者不看手機或平板，而是把專注力全部投放在台下觀眾身上時，彼此情感連結會大大提升。觀眾會覺得自己有被你完整看見與聽見，你也能夠好好察覺他們的反應。

掌控你的神經系統：是友或敵？

人在看事情都不會看原貌，而是按照自己的角度做解讀。

知名美國作家阿內絲・尼恩（Anaïs Nin）

最近我在服務一個對象，當她的呼吸緩和下來，聲音放鬆時，她說：「整個室內感覺不一樣了。」當她用放輕鬆、不同眼光觀察別人時，便會覺得參加工作坊的其他學員都變了，瞬間變得不太有威脅性，且更加友善。此時，她已從自主神經系統（ANS，人腦的基礎生存系統，見第100頁說明）的其中一塊切換到另一塊，也就是切換系統，化敵為友。（敵和友是我對這兩套系統的稱呼，科學術語及相關說明請參見第100—102頁。）

我必須先強調，「敵人系統」可以是好的，能夠驅促你採取行動，只不過從我服務客戶的經驗來看，人類容易感到畏懼的公開演說，已讓太多人陷入敵人系統。

你在對觀眾演說時，應該要記住美國電影製片人諾拉．艾芙倫（Nora Ephron）的名言：「最重要的是，要當自己生命中的女豪傑，而非受害者。」我發現有太多人演講時會很緊張，把自己當成受害者，只能任由觀眾與情境宰割。但其實有個平行演說時空正等待你蒞臨，能夠好好掌控神經系統。在那裡，你是豪傑，而非受害者，即使受到眾人注目，也能隨時讓自己鎮定集中、有安全感，並且與觀眾保持情感連結。而來源就是學習如何掌控神經系統，從原本的慌張，變得鎮定。

來者是友，抑或是敵？數千年來，每位把關的門房都會問這個老問題。如果是敵，神經系統會動員起來——看是要戰鬥或是逃跑；如果是友，系統則會卸防，讓自己休息或消化。在日常生活中，神經系統不斷以體內恆定（homeostatic）的方式在運作，每一刻都根據接收到的訊息，進行自我平衡。腎上腺素固然在日常生活中不可或缺，發揮一點點喚起作用是好事。但我們並不樂見在演講時全面進入「鬥或逃」模式。這對你和觀眾都很辛苦。想要說話鎮定有自信的話，最好將觀眾看成是老朋友，而非敵人。

掌控神經系統的方法，始於認知。首先，你必須去察覺在主導的是哪一種自主神經系統（接下來將在第102—107頁探討這兩種系統），然後鎮定、不動聲色地切換系統，我們也會討論到這一部分（見第107—108頁）。也許你沒有刻意思考過這兩種敵友系統，但其實你早就知道它們的區別。心情很差的日子對神經系統而言，就是敵人。也許那天你跟人吵架、收到令人感到壓力的簡訊或電子郵件，或者是遇到其他情境，像是：在開放式辦公室被許多人盯著瞧、生活在吵雜的城市、到處遇到沒禮貌的駕駛、市區堅硬路面走起來讓身體很不舒服、通勤令人疲憊，以及匆匆與人會面……等等，這些情境無形中會令人的緊張度破表，進入極度警覺的防禦狀態。一旦你身上的「鬥或逃」過濾機制開始運作，壓力、緊張就會伴隨而至，並將某些事情視為威脅。對方同樣的表情，在你心情好的時候，可能會覺得沒有特別意涵，此時卻會解讀成對方很生氣。或者，通常不會太在意的事情，此時卻會讓你防衛心很重。你可能會發現喉嚨收縮，聲音緊張、單調、說不出話來。體內腎上腺素則不斷上升，好讓你逃跑。四肢可能會發抖，聲音也是如此。

所幸你知道還有另一個自己，是可以把生活過得平順、能夠輕鬆和朋友聊天，所到之處優雅自在。這就是心情好的日子，也是「朋友系統」。

以下表格說明這兩種神經系統的特色，好讓你去觀察自己。

	朋友系統	敵人系統
誘發原因	神經系統覺得很安全、如同朋友般，而且有情感連結。	神經系統覺得受到威脅，不論出自真實或者想像。神經系統會變得專注。
腦中化學變化	乙醯膽鹼	皮質醇 腎上腺素
心跳	心跳平靜沉穩。	心跳加速，將血液送往四肢。
對會場的感受	視野寬廣，和台下觀眾有情感連結。	視野如隧道般狹窄，會留心是否有人抱持敵意，或是出口方向。鬥或逃機制發揮不了作用時，整個人可能會動彈不得。
觀眾給你的感受	覺得容易溝通。朋友，平起平坐。宛如同儕間的輕鬆對話。	看似威脅，且對你的內容毫無興趣。
在這之後的感受	精力充沛。	很累。忘記自己剛才的說話內容。

聲音會抖的原因

若將神經系統比喻為礦坑，人的聲音就像是被帶進礦坑的金絲雀，發抖、破音、顫動等聲音跡象，就像是那隻金絲雀在告訴外在世界，你內心很緊張。很快地你會發覺自己的聲音聽起來很緊張，別人的聲音聽起來也很緊張，但每個人緊張時的反應不盡相同，有的人說話變得飛快，其實就是想逃的反應，神經系統要他「快逃！」、「快點逃！」有的人則變得很安靜，神經系統要他「躲起來！噓！安靜！」有的人說話會突然變得大聲，代表神經系統要他「戰鬥！」有些人則會腦中完全一片空白，說不出話來。動彈不得是下下策，老鼠被貓抓到時就是這樣，會裝死，不過不是刻意裝死，而是身體系統自動關閉了。這些反應在論壇演說或重要會議時當然毫無助益，難怪我們會自認為是很糟糕、缺乏自信的講者。但其實事情不需如此演變。靠著發聲器官的認知及敵友系統的掌握，你在說話時也能控制住惱人的緊張反應。

說起來也許違反直覺，但其實我們都應該感謝聲音會抖；應該感謝說話急促、大聲嚷嚷、說話極度小聲，還有腦中空白。之所以會出現這些反應，其來有自，並非因為你是差勁的講者，而是因為神經系統趕來馳援，竭力要幫助你度過難關。你必須讓神經系統了解，你的人生並未受到威脅，也必須讓它重估局勢、教導它，讓它知道觀眾是朋友，不是敵人。即便觀眾貌似敵人，保持鎮定仍有助益，否則神經系統一旦動員，要你去揍人、躲藏或是逃跑時，能夠幫助思考和產生情感連結的腦部區塊便無法有效運作。在「鬥或逃」的模式下，人是很難溝通的。

你的神經系統

簡單來說，自主神經系統是人腦中的基礎生存系統，調節著身體的喚起程度（level of arousal）。需要戰鬥或逃跑時，自主神經系統會變得活躍；反之，人在休息、吃飯、睡覺時，它就會變得不活躍。進一步而言，神經系統由兩個旁支調節喚起作用，分別是交感神經系統（sympathetic nervous system, SNS）（也就是敵人系統），以及副交感神經系統（parasympathetic nervous system, PNS）（也就是朋友系統）。

交感神經系統的主要任務是啟動「鬥—逃—僵」反應，會利用腎上腺素與皮質醇等腦中化學物，讓神經系統準備好動作。它隨時都在掃瞄整個系統，讓你維持平衡。也許你會覺得，為何會用「交感神經系統」這種有違直覺的名稱（按：英文「交感神經系統」含有「同情」的字眼），來形容會讓人聲音發抖、說話忘詞的神經系統。但其實這個名稱可以回溯至古希臘「sympathy」（同情）一詞，意思是「不同部分之間的連結」。

至於朋友系統，即副交感神經系統，則是利用乙醯膽鹼掌管消化、療癒及睡眠，讓神經系統不那麼活躍，讓你能夠休息、好好和別人產生情感連結。身為講者，一旦懂得運用這個神經系統，就能握有美好的鎮定感，讓觀眾聽得如癡如醉，並且展現出聊天般的自在態度。在這種狀態下，表示兩個神經系統十分協同合作，不論遇到什麼狀況，你都能從容應對。

交感神經系統和副交感神經系統為了應付你所面對的周遭事物，彼此會平衡運作。當交感神經系統受到刺激，血液會離開不太攸關生存的人體部位，導向他方，所以你走路的速度會加快，手會抖，聲音也會抖，腦中一片空白。在真正需要逃跑、受到威脅的情境時，以上反應是很好的，但並不適合在需要展現自信的演講場合。

接下來我會逐一介紹神經系統的這兩個面向，我在介紹時會運用一點藝術破格的方式，讓你能夠深入認識它們的作用，如此一來你才能夠在講話時加以掌控，變得有自信。

認識「朋友系統」

朋友系統（副交感神經系統）的感覺就像是你處在完全自在的狀態，這種狀態你應該很熟悉。如果將這個系統比擬為人的話，它就像是你身邊那位友善、鎮定、有自信的朋友，讓你覺得能夠從容自在、有自信地面對大挑戰。這位朋友讓你能夠做自己，掌握自己的聲音，因為他願意接納你原本的樣子。在朋友系統狀態下，你會覺得面對觀眾很自在、很享受，很有安全感，即便處在高壓環境也是如此。每到關鍵時刻，你會找到鎮定且思路清晰，以及最好的自己。這一刻，你才能真正掌握自己的聲音，讓自己從緊張急促，轉變成從容有餘裕，這就是真正的力量。精通這種力量之後，事情會變得很有意思，大家會開始說你是天生的演說家，總是侃侃而談，從容不迫。

運用「朋友聲音」時，你能夠：

- 說話有溫度，有能量。

- 自在掌控說話節奏。
- 運用自在且開朗的肢體語言。
- 語氣自然，侃侃而談。
- 主動回應，而非被動反應周遭事物。
- 聽起來很鎮定，你在場能夠安撫人心。
- 隨時進入狀況。
- 看起來、感覺起來都像樂在體驗。
- 保持鎮定，讓觀眾感覺自在，不需替你擔心，可以認真聽你在說什麼。
- 有正面的記憶，不會感到疲憊，而是精力充沛。

如果你和朋友、家人說話時有自信，那麼你也能在面對一大群聽眾時有自信地說話。想像一下站在超大表演舞台上的搖滾明星，他們早已學會在高壓環境中找出安全感，可能是將眾多觀眾想像成一個人，甚至將那個人當作是聊天的對象（如：家人、普通粉絲），或者，將觀眾設想成是來替他加油打氣，希望他表現得好。下次登上講台前，你也可以用這種方式想像一下。

如何進入朋友系統

以下是演員會用的一些方法，讓自己能快速進入朋友系統：

1. 呼吸時要刻意保持鬆一口氣的心情，這樣你便能在最需要鎮定的時刻，迅速鎮定。演員都曉得去抓住心情如釋重負時的那股呼吸感覺，加以運用——也就是深沉、輕鬆、會讓四肢舒展的呼吸法。回想一下上一次鬆一口氣的感覺，像是面試完，或是剛下班，然後按照那時候的感覺去呼吸。
2. 遇到陌生人或是害怕的對象時，想像一下是在和老朋友聊天，這也是一種迅速讓自己進入朋友系統狀態的方法。可以説一些話，像是「來到這裡我很興奮，很高興能和大家一起工作」，這樣你甚至會覺得自己和對方有情感連結，一切在掌控之中。
3. 演員讓自己產生情感連結、覺得有安全感的方法，是去設想「自己很美，有人愛我，我有秘密」。這會讓你眼睛閃閃發光，內心充滿愛與歸屬。請你務必試試看，別太早下定論！

認識「敵人系統」

若將敵人系統比擬為人，它就是那位出自善意、但總是讓人緊張兮兮的親戚，開口閉口都是為你好，但其實是在扯你後腿。敵人會說：「你知道自己能夠做得好，但練習可能還是不夠，所以聽眾才會覺得無聊吧？乾脆快馬加鞭，趕快結束吧？」聽起來像是關心，但語氣卻是擔心。腎上腺素和皮質醇一旦飆高，加上腦中的這些對話愈來愈大聲，可能會對身為講者的你很不利。敵人會開始尖叫說：「快點離開！」「你簡直丟人現眼！」於是你說話愈來愈快。敵人當前，你在觀眾面前說話變得急促、聲音單調，而且緊張得不得了。接著開始覺得需要逃避觀眾，或是攻擊觀眾，而不是和他們產生情感連結。

當你緊張有壓力時，你會發現幾個現象：

- 聲音／手／腳會抖。
- 胃部肌肉緊縮，呼吸位置升高到胸口。
- 口乾／喉嚨緊繃／說話不順。

- 視線變得狹隘，像在隧道一樣，事物動得飛快。你不太能夠好好看著觀眾，有種急促模糊感。
- 流汗。
- 說話太大聲（或腦中覺得聲音很大）。
- 說話太快。
- 發現自己的反應帶有敵意，或是防禦心很重，而非平靜審慎。
- 出現許多「嗯、呃」等贅詞，因為大量的腎上腺素會讓你話說到一半想停下來，讓自己舒服一點。你也會發現自己緊張抽搐，加上／或者不斷重複一些話，好讓靜默不會感覺如此死寂。
- 臉脹紅。
- 腦中一片空白。
- 事後記不得自己到底講了些什麼。感覺疲憊不堪。

不過，在這裡要提醒一件事。我不希望讓你認為要避免敵人系統，因為敵人系統也很重要，能夠讓人有安全感、專注。敵人系統總是惦記著你的利益，雖然對即將上台報告的你來說，它鼓吹你逃跑或是賞觀眾一拳，並不是最理想的方法，但愈是記住敵人系統的良善意圖——它想要讓你感到安全——會愈好。愈是欣賞它讓我們產生安全感的方式，愈是能夠讓我們鎮定下來。

你需要勇氣，而敵人系統提供了照料。所以請還給腦中那股滿懷善意但很緊張的聲音一個公道，敵人系統讓你能夠專注、警覺、生存。不過你也要好好控制敵人系統，駕馭緊張是一門藝術，需要將恐懼化為興奮，讓胃不再痙攣。

試試看：將恐懼化為興奮

說話時想讓敵人系統成為助力而非阻力，方法在於管理感受強度。與其將恐懼視為令人不快的能量，不如當成是一股力量？不如藉由這種力量提供自己精力？

換個角度看待：當你感覺到腎上腺素飆升，表示敵人系統已經不受控制，你之所以會慌張，是因為畏懼這種狀況。基本上，這是一種喚起作用，而且是好事。不如試著接納這種強烈感覺，當成是一種自己其實很在意的跡象？不如用另一種角度，將腎上腺素當成讓自己興奮或注意力集中的助力？你可以試著這樣想：「我很幸運能夠站在這裡。實在讓我很興奮。」

接納感受：當你感受到腎上腺素飆升，應密切關注情緒，擁抱這種感覺，感受它的助力。呼吸只要維持深沉，就能將恐懼化為興奮（見第54頁）。接納它，讓它成為助力，而非阻力。

保持理智：理智能讓自己鎮定。慢慢轉頭，看看周遭，專注在好的面向，看看附近你喜歡的事物。然後再轉頭，這次更慢一點。觀看有安全感、能夠激發情感的事物，會讓大腦從威脅反應切換到休息——消化反應。保持周邊視覺也有助於提升安全感，因為一旦進入敵人狀態，人的視線會變得狹隘，這時神經系統就會留意是否有敵人出沒，並且尋找逃離的出口。

說聲感謝：想讓敵人系統鎮定下來，可以試著對它說「謝謝」。你會發現，一個小小的感謝舉動也能讓敵人系統安靜下來，讓你不會胡思亂想，可以呼吸到空氣，重心從腦部轉向全身。馬上你就會鎮定許多，說話也會更有自信。

意識到敵人系統的存在後，每次聲音發抖時，就能迅速讓神經系統不再緊張。

和老朋友閒話家常

認識朋友和敵人系統的區別後，如何在演說時讓這兩種系統成為你的助力？其實很簡單，答案就在於和朋友聊天時，會停下來呼吸，但在敵人狀態時，說話會很急促，上氣不接下氣。沒有人在和死黨聊天時說話會喘，呼吸會很放鬆、深沉，而且使用腹部呼吸，呼吸很自在，不會急促，不會感覺快要沒氣。如果在有壓力的情況，也能熟練這種呼吸方法，聲音自然會安分規矩。

身為講者，進入朋友狀態的首要任務，就是不要喘——也就是講者緊張時胸口會發出的吵雜呼吸聲。如果從胸口和肩膀可以感受到明顯喘氣，你立刻就會進入敵人狀態，因為大家慌張或打算逃跑時的模樣就是如此。但這麼做會很費力，馬上就會搞得神經系統緊張不堪。

雖然我希望你說話不要喘，但還是應該先了解一下喘的感覺，這樣你才會曉得不應該這樣。現在，請用肩膀和胸部吸氣喘氣。你可能會變得更加緊張，思緒更快。原因出在哪？因為身體認得這種呼吸是慌張狀態的呼吸，於是思緒開始慌張，說話很快地也變得急促慌亂。

錄下自己的說話方式

不確定自己說話是否會上氣不接下氣時，就錄下一段自己說的話，用錄影或者手機錄音功能都可以。有聽到自己在喘嗎？如果是用錄影的，你會看到自己的肩膀和胸部在吸氣時起伏，也會聽到自己在喘氣。

試試看：說話不要喘

說話不喘的最簡單方法，就是在說話途中停下來呼吸時，閉上嘴巴。因為嘴巴閉上，所以句子與句子之間會有停頓，能顯得自然，就像是和朋友閒話家常那樣。好好做這種美好、寬闊、深長的呼吸，而不要做那種緊張時的急促「罐頭呼吸」（借用英國詩人約翰．貝傑曼〔John Betjeman〕的說法[5]）。這對聽眾也很好，能夠讓他們有時間跟著你停下來，好好想一下你說過的內容，你也會有時間注意他們的反應。

每天按照下列方法練習，形成肌肉記憶，以後要使用的時候就可以隨時運用。

1. 想像自己走在夏日花園，吸進玫瑰的芬芳。注意自己在聞這種美好味道時，呼吸會變得寬廣深邃且自在，絲毫不用費力就能舒展鼻竇、身體與呼吸。這種自在與遼闊感，就是我們要的。請閉上嘴巴，靜靜想像自己在聞玫瑰，不要太大力聞。時間到了，自然就會吸氣，沒有必要喘氣或是大口吸氣。

2. 再來，為了要讓這種輕鬆呼吸連結到你的聲音，想像自己在讚美某個很在意的對象。思考如何讚美的時候，想像自己輕鬆吸進一口玫瑰芬芳。看是要用鼻子呼吸，或是口鼻並用，都可以。

3. 然後吐出讚美之詞。你的聲音會聽起來很放鬆。怎麼呼吸，就會怎麼說話。呼吸緊繃會讓聲音緊繃，同理，呼吸放鬆會讓聲音放鬆。練習完之後，也許就會發現聲音聽起來更不拘謹、更自由、更放鬆，就像是和讓你有安全感的人在一起時的感覺。自信藏於自在之中。

走到哪裡，務必都要這樣練習。每次說話時可以停下來，靜靜聞一朵玫瑰。如果聽到自己呼吸在喘，或是吸氣得太用力，就請自覺閉上嘴巴，帶回每次暫停時鬆一口氣的感覺。你會發覺氣默默進來，讓你鎮定。喘氣則會讓你更緊繃。反覆做，做到吸氣靜悄悄而且放鬆，就像和朋友聊天那樣。

新常態

認識靜默的價值，不要怕靜默。字和字之間其實需要有空間，大家才會有空去接收、思考並感受訊息。靜默讓我們意識到內心的沉靜，透過這種沉靜變得更有力量，讓更多人親近我們。但要聽懂並認識靜默的需求，前提是內心必須放鬆。

西絲莉．貝里，《你的聲音及如何使用它》（*Your Voice and How to Use it Successfully*, 1990）

你已經知道敵人和朋友系統的區別了，現在的問題是，如何讓朋友系統的鎮定感變成預設模式？如果有方法可以讓神經系統感到安全、專注，不是很好嗎？這種狀態能否成為你的新常態？

答案的重點就在於開口說話前要保持不動與鎮定。受過訓練的演員曉得要在上台前花時間進入自己，讓神經系統平靜下來，產生安全感。他們都曉得在重要時刻的前夕，採用什麼方法鎮定神經系統，會決定後續聲音如何表現、用什麼眼光解讀現場，以及回應聽眾的方式。你一定要提前到現場，讓自己在演說前靜一靜。當年我學表演，就是不斷接受這種訓練，讓我一輩子受用。不過直到了解迷走神經原理之後，才總算曉得為什麼一個人靜一靜，尤其是關閉電腦通訊產品後靜一靜，會有這麼大的差異。[6]

迷走神經是身體第十對腦神經，也是最長的腦神經，從腦幹連接到腹部。迷走神經的意思是「流浪者」。這對神經（或稱腹側迷走神經叢，ventral vagal complex〔VVC〕）會發送訊息給心臟與肺部，叫它們慢下來，呼吸深沉一點。主宰喉嚨收縮與發聲的肌肉，也是由迷走神經負責控制，可見迷走神經影響說話甚鉅。當你的迷走神經張力（vagal tone）夠好，你會有安全感，也會讓別人有安全感。你的聲音會變得輕柔，更為悅耳，聽起來很舒服。能夠安撫周遭人心。如果迷走神經張力不好，聲音會變得單調，失去多樣性，讓聽眾無法保持興趣聽你說話，而且會讓周遭的人緊張。

迷走神經張力很重要，因為會影響到你的神經知覺（neuroception），即看待這個世界的方式。人是否有安全感和人是否實際安全，不必然是同一件事。同樣的狀況可能有截然不同的感覺，取決於你如何看待。會議中心的觀眾或者工作面談的考官，可以是感覺友善，也可以是感覺很不友善，多半取決於你和對方的神經系統。迷走神經如果不順，你就比較沒辦法和別人有情感連結、傾聽對方。神經系統會激發出敵人系統反應，像是口乾、胃痙攣、聲音發抖或說話急促。總而言之，好好注意自己的迷走神經張力，你就會感到和這個世界有情感連結，能夠同理別人，也會放鬆自在。反之，迷走神經張力不佳時，你展現出來的樣子就是緊張、不自在、飽受威脅且神情緊繃。

套句精神科醫師貝塞爾．范德寇（Bessel van der Kolk）的話：「腹側迷走神經叢發揮作用時，我們看到別人微笑，也會微笑回去，同意別人看法時也會點頭稱是，而且聽到朋友訴說不幸時，也會傾聽。」[7]迷走神經張力會影響人如何過濾聲音：迷走神經張力不佳時，神經系統會在意（且會回應）很低沉或很高音的聲音。通常這種聲音都表示出現威脅——被別人或動物侵犯、出現巨響、怒吼，或是尖銳聲。和聽眾說話時，你會脫離正常人的音域，沒辦法停留在和別人有情感連結的音域，且被動針對粗魯語氣和冒犯提問做反應。原本好好的觀眾，這時可能會讓你覺得很有威脅性；原本對你已經頗有微詞的觀眾，這時你會覺得不堪負荷。但是若花點時間集中精神，遇到這些狀況將能保持平常心。

一個人如果迷走神經張力很好，可以從他宏亮、有回應的聲音及表情看出來。他會很投入、看著你，把你的話聽進去，時時刻刻回應你，雙眼及全身能量會與你共舞，聲音悅耳動人，整個人很放鬆、有自信。他不會為了要讓你知道他的感受而表現出制式的反應，反而會表現得即興自然。簡而言之，好的迷走神經張力會讓講者放鬆。

當講者的迷走神經張力低迷時，你也聽得出來：他的身體雖然與你同在，但心已經飄走一大半，會表現出有在聽你說話，有在注視你，但其實內心正深陷緊張，表情會很僵硬、很緊張，聲音很單調，雙眼緊繃，視野狹隘。說不定還會發覺他在用胸部呼吸，呼吸很淺（見第93—94頁），毫無情感流動，毫無語氣可言，給人一種卡卡的感覺。他在回應你時也會緊張，不太會和你眼神接觸，而是會盯著一個地方看，或是移開視線。

擁有良好迷走神經張力是好事，這一點無庸置疑，問題是沒有人學過如何具備良好迷走神經張力。范德寇醫師明白指出：

遺憾的是，我們的教育體系……多半會避開這種情感投入機制不談，反而將重心放在增強心智認知能力……學校最不該刪減的，就是合唱課、體育課、下課時間，以及牽涉到身體活動、玩樂以及能夠讓人開心投入的事情。[8]

學校老師不會告訴學生，真正要讓說話有自信的方法，是要靠運動、唱歌和身體活動。學校多半只會教導學生閱讀、寫作及運用智力，大家就將這些學到的運用在工作，將其餘系統拋諸腦後。

人都會渴望和別人有情感連結，這對生存十分重要。但電腦通訊產品會欺騙我們，讓大腦誤以為有情感連結，但其實身體和聲音卻感受不到情感連結。人當然可以和朋友在社群媒體上有連結，但那是垃圾食物。說話如果要有自信，這種連結對神經系統而言是沒有幫助的。電腦通訊產品會誘發人的「鬥或逃」反應，坐著盯著手機看、屏住氣息、肩膀緊繃，都無助於讓迷走神經張力變好。（不過在手機上播放音樂或是用它來練習正念，確實是有幫助，所以我並非完全反對電腦通訊產品。）

想要創造良好迷走神經張力新常態，就必須在說話前保持鎮定集中。

改善迷走神經張力

良好迷走神經張力的重點就在延長吐氣。早在一九二一年，醫師暨藥理學家奧圖·

樂維（Otto Loewi）即發現到，當他刺激迷走神經時，會釋放出一種他稱為迷走神經物質（vagusstoff）的物質，後來發現到這種物質是一種能夠讓人鎮定的賀爾蒙，叫做乙醯膽鹼。這也是科學家發現的第一種神經傳導物質。運用長而緩慢的吐氣——即延長吐氣——就能讓你產生迷走神經物質，刺激迷走神經，讓全身鎮定。對於在壓力情境中掌握聲音，很有幫助。

1. 找一個安靜地方坐下或站立。吐氣練習可以安靜輕鬆地做，不會打擾到別人，所以可以在開會前做，在車子上做，就算同事在身旁也可以做。
2. 鼻子吸氣四秒鐘。
3. 輕輕屏住呼吸七秒鐘。
4. 嘴巴緩緩吐氣八秒鐘。吐氣可以哼出聲，也可以不出聲，端看你的喜好，或者所在地方是否方便這麼做。
5. 重複做兩分鐘。

蜜蜂嗡嗡叫呼吸法

想要更深入改善迷走神經張力的話，最近一份研究指出，不斷覆誦哼唱可以刺激迷走神經，有助於血液循環與呼吸[9]，稱作「蜜蜂嗡嗡呼吸法」。

1. 手掌掌根貼在耳朵旁下顎兩側，向下滑，讓下顎底骨能夠打開放鬆。如果覺得很舒服，可以多做幾次。
2. 穩住牙齒縫隙。
3. 吸氣，然後吐氣時發出蜜蜂般「zzzzzzzz」聲音。氣能撐多久，聲音就撐多久。
4. 重複這個循環，吸氣，然後學蜜蜂嗡嗡叫吐氣。感受自己的聲音與嗡鳴。你會發現變得更加鎮定集中。呈現出放鬆反應時，甚至會想打哈欠。

放空：抽離日常

作家安．拉莫特（Anne Lamott）在二〇一七年 TED 演講[10]時說：「幾乎所有事情——包括你自己——只要抽離日常幾分鐘，就能重新運作。」你在重要場合之前，有多常會抽離日常？如果很少，或者從來不會，那你可以從戲劇圈學習一種技巧，那就是「放空」（take a half），也就是在一場戲演出之前花三十五分鐘集中精神。攝影家賽門・艾南（Simon Annand）拍攝過一系列演員「放空」的照片[11]，他們看似沒在做事，只是兩眼發愣、佇在那裡，或是躺在地上。但其實內心忙碌得很，都在尋找能讓自己集中精神、保持自信的那股內在鎮定。有時候，他們會輕輕做一些呼吸、聲音及肢體練習。

學會放空讓我演說前的感覺截然不同，做著做著竟然上癮了。我發覺一旦開會前能讓自己鎮靜集中，接下來整場會議都會變得很輕鬆，不用煩惱太多。人在，心也會在，而且會懂得隨機應變，懂得說話時機，知道什麼時候不該說話，只適合聽別人講話。放空讓我的表現總是處於顛峰。

放空的秘訣在於要「每天記下來」（記在日記本或是行事曆），並且認真執行，把它當成是一場和自己的會議，不能有人闖進來打擾，這跟之後登場的會議／面談／簡報一樣重要。只要好好做，我保證你在演講時會更加鎮定、更有自信。

試試看：「放空」的建議練習

即使你有時間，也不一定要花上完整的三十五分鐘放空。要「放空」多久，取決於你覺得這場活動有多重要，以及你的自信程度。如果是重要演講，可能會需要提前一整個早上靜一靜。你可以居家上班，然後利用三十到三十五分鐘時間集中精神；如果不太覺得演講會緊張，就提前十五分鐘靜一靜。萬一只有五分鐘呢？也沒關係，有準備就好。習慣這些練習，以後在做的時候很快就會發揮效果。

- 將所有電腦通訊產品調成靜音模式，放在看不到的地方。
- 睜大雙眼。（壓力會使人視線狹窄，見第109頁說明。）花點時間轉頭看看周遭環境，重新讓自己的神經系統定向。
- 放鬆下顎與舌頭，像鬆一口氣般吐氣。
- 將注意力放在外部感官，感受身體與各種支撐點接觸的感覺；感受周圍空間的重量；感受皮膚上的衣服；感受頭上的頭髮；感受前額上的眉毛；感受臉上的空氣。
- 再來，注意內在世界。感受體內世界：你的腸子、血管、心臟、肺部。感受骨頭；感受呼吸的觸感。哪裡可以感受到？在鼻子？還是在嘴巴？喉嚨？肺部？胸部？或是腹部？將手置放在呼吸讓身體表面產生起伏之處。放在胸部；放在肋骨——胸肋骨和背肋骨；放在腹部。

● 任何會改變身體感覺的動作，都不要做，稍加留意即可。讓身體順其自然，注意此時身體有什麼反應。當注意力放在身體和呼吸時，你會發現自己的心能夠平靜。

● 如果四下無人，就一邊吐氣，一邊說話（比方說，可以從一數到十），或是一邊輕輕哼出聲音。這樣做能夠讓吐氣變得明顯，鎮定神經，讓聲音有溫度。

● 集中精神後，將注意力放在以下三件事，確立自己的意圖：

1. **目的：**你想要達成什麼？什麼才算是成功？
2. **聽眾：**對他們而言，什麼才算是成功？他們是誰，需要從你身上得到什麼？你能如何協助他們？你希望他們聽完你的演說之後，對你做出什麼樣的評論？
3 **你的能量：**你想要帶著什麼樣的特色走進會場？有能量的？鎮定的？有溫度的？還是有力量的？你想要聽眾有什麼樣的感覺？為了要達到這種特色的能量，該做些什麼？花點時間凝聚這種能量吧！

提問時間

問：緊張時要如何和別人有眼神接觸？

答：走進會場時如果感覺緊張，有一種讓自己不會緊張的簡單方法，就是想像是要去找老朋友。你就會覺得對等，能夠好好呼吸（見第125－127頁）。而且記住，你是要去貢獻所長。萬一還是覺得眼神接觸很不自在，那就看著對方的眉心。

問：我演講會愈來愈快，如何才能慢下來？

答：照著第110頁「說話不要喘」的方法做，閉上嘴巴，每說完一句話就停頓。有朋友可以幫忙也不錯，請他們在希望你停頓的時候舉手，這樣你就會慢下來，知道觀眾期待的說話速度。

問：如何避免聲音抖和手抖？

答：聲音和手會抖的原因，是因為身體處在「鬥或逃」模式，神經系統遭到腎上腺素佔據。因此重點在於事先進入自己的鎮定中心，事先練習台詞，讓自己自然放鬆，到了會場就會更有自信。演講前要先關閉電腦通訊產品，放空（見第118頁），讓呼吸鎮定（見第93—94頁）。到了會場後，要想像自己是在和老朋友聊天，說完每句話都要完全停頓（見上一個問題），讓自己有機會呼吸。

問：如何避免演講之前發慌？

答：說穿了，腎上腺素不過是喚起作用——心跳加速、臉部脹紅。這可以是好事呀，不是嗎？大家不光是在演講時會如此，在談戀愛時也會。所以當你感覺到那股強烈情緒時，記得要找到鎮定中心。但也要記住，有一點這種強烈情緒是好事，它能幫助你，所以要視其為刺激好玩的事，出現這種感覺表示你很重視這場演講。接著再做迷走神經張力呼吸練習，讓自己處在朋友系統（見第116—118頁）。還有，記得關閉電腦通訊產品。

問：我在上台簡報前幾週都忐忑不安，一直睡不好。有沒有方法讓我以後不會再這樣？

答：掌控自己的敘事。首先，設想「成功」的畫面：當自己的電影導演，看看成功長什麼樣子，才能讓自己正面樂觀。在腦海中拍一部成功電影——你在這部夢幻影片看到什麼，聽到什麼，感受到什麼？翻開內心相簿也會有幫助，回想以前做過哪些一開始提心吊膽，結果卻很順利的事。用這些記憶給自己信心，告訴自己既然以前都能克服緊張，現在也可以。接著再想辦法設計出有自信的演說內容，會有自信是因為談的是自己擅長的專業。琢磨你要說的東西，直到覺得迫不及待要和聽眾分享為止。儘管不錯的內容需要花點功夫，但你的自信心會隨著這種良好感覺而提升，不論過去遭遇如何，這些基礎都會讓你在演講時變得穩健。

問：如何避免臉紅？

答：被人指指點點、一舉一動受人注目，或是感到不安時，人都會臉紅。我也很常聽說內向的人會臉紅。身為內向者，我認為臉紅是因為當別人投射目光在我身上時，會讓我想要躲藏。儘管臉紅很難避免，還是有幾種方法可以應對，像是放空（見第118頁），或是找到鎮定中心。臉紅時請將注意力放在會場某個事物。人會臉紅通常是因為擔心別人怎麼想，所以不要把心思花在這上面，不要胡思亂想。保持理智，放下執念，放過自己。

問：事先了解演講時保持鎮定集中的方法，確實不錯，但上台演講時依舊緊張，怎麼辦？

答：讓自己面對觀眾不緊張的秘訣，在於一次專注在一件事就好。如果說話緊張，就花點時間回到自己的鎮定中心。不要胡思亂想，保持理智，讓自己好好呼吸。這樣就能回到鎮定中心，找回主控權。做的時機可以是在每次說完話、談完新主題，或者表達完重點。你可以喝水，或是反問觀眾問題，讓自己有機會鎮定下來。

問：如何避免腦中一片空白？

答：腦中一片空白代表你已經陷入「鬥或逃」模式（見第88頁）。事前愈是有演練過，這種事愈難發生，因為事前演練就像是硬碟備份，會在發生糟糕情境時提供支援，讓你恢復記憶。此外，你也應該放空（見第118頁），集中精神，找到鎮定中心。遇到最糟糕的情況時，就深呼吸，喝水，或者問觀眾問題，讓自己平靜下來，好好呼吸，然後繼續接下去。

問：和自己有點害怕的人在一起時，要如何鎮定有自信？

答：這種情況下，要記住自己和他們是對等的，事先做準備，以表示你對他們的尊重。準時抵達（或提前抵達）會場，尊重主人的規矩。這就代表你和對方平起平坐，而且專業，並讓雙方感到自在。適當的專業禮節與合宜的敬重，會讓人更顯威力。另外，我建議你要微笑！光是用眼神輕輕微笑，像看著老朋友那樣，就會讓你更放鬆，對神經系統也有良好效果。

問：累了話怎麼辦？

答：「放空」（見第84頁）不只是用來鎮定。如果缺乏精神，就改變一下準備方法。聽聽喜歡的開心音樂說不定會提振心情。不然就動一動，增進血液循環。或是唱歌，讓聲音動一動；或是喝水，補充點蛋白質。避免喝太多咖啡，因為會讓你變得緊繃，反而讓敵人系統更加活躍。

問：萬一真的很害怕，怎麼辦？

答：練習第116－117頁的呼吸法，刺激迷走神經，讓神經系統鎮定。設想成功的畫面，不要設想失敗的畫面，你可以超前想像事情完成的那一刻。想像最後有犒賞也會有幫助。

問：萬一會議太密集，每一場之間沒有空閒的話呢？

答：如果沒有時間「放空」（見第118頁），做一件事就好：好好讓臉放鬆。找個安靜地方，動一動臉部肌肉，讓它放鬆。按摩下顎，伸個懶腰，拉拉筋，神經系統就會重新運作。

小結：聲音重點回顧

- 沒有人天生說話就有自信，都是透過學習，將神經系統從「敵人系統」引導到「朋友系統」，面對壓力時才能保持鎮定、有安全感。

- 迅速進入鎮定中心的方法，是讓神經系統覺得有安全感。上台演講或演出之前，花時間進入狀況，身體、心靈和聲音就會表現得好。
- 手機就像是小型破壞王，會讓你屏住呼吸，誘發「鬥或逃」反應。屏住呼吸會讓人說話不舒服，所以不要在重要場合之前滑手機。
- 大家都覺得演說使人緊張，但如果懂得說話不要喘，不要趕，享受停頓，便能夠讓說話保持鎮定。
- 神經處在敵人系統時，別人的關注會被視為威脅。神經處在朋友系統時，同樣的關注則會是美好張力，讓人覺得自己被觀眾支撐著、得到他們的支持。你也可以這麼做，將觀眾看成是想要聽你說話的朋友。

第3章

放下執念：運用全身展現說話自信

抬頭挺胸，要懂得面對處境不要畏縮……抬頭挺胸。

瑪雅．安吉羅（Maya Angelou），《雲中的彩虹》(*Rainbow in the Cloud*)

勇氣、深度、靈魂。美酒有酒體（body），有自信的聲音也有聲體。說話有自信的人之所以有自信，是因為懂得察覺並精通身體說話的方式，不像大部分人那樣，只顧著說話，乏味無趣。最近有研究指出，人的聲音如果具有深度，不論是投入政治選戰，或是參加快速約會（speed-dating），都會引人注意。[1]

為什麼呢？因為大家會回應有自信的聲音。我們現在來到馬斯洛需求層次理論的第四層，也就是自尊。馬斯洛將自尊界定為「尊重、自尊、地位、認可、力量與自由」，而身體是找到自尊與自信的關鍵。身體姿勢一旦有力而且沉穩，一股自在放鬆的自信及聲音力量就會油然而生，受到大家喜歡。

你會發現，這種生理面的自信與投入會展現出人的獨立自主，創造出自己的「骨幹」，而不是「許願骨」（按：位於禽鳥類前胸呈Y字形的骨頭，較為脆弱）。美國禪宗佛教法師暨人類學家瓊安．哈利法克斯（Joan Halifax）說得好：「所謂力量，太常來自恐懼，而不是來自愛……很少人背部是直挺的，多半都靠銅牆鐵壁的身體正面，來呵護脆弱腰桿……走起路來十分脆弱，防衛心重，試圖掩飾自己缺乏自信。」[2]

本章旨在增進你在演講時認知自己體內的聲音，並了解為何感受自己的聲音（而非聽見自己的聲音），是讓說話有自信而且進入狀況的重要基礎（從而讓你更喜歡自己的聲音）。

此外，也將探討良好身體姿勢對人聲與自信的影響，為什麼當個低頭族不利於說話，又該如何務實克服這種問題。你也會學習到如何目標明確地在台上走動，以及利用肢體動作讓聲音與呼吸暢通的快速方法。

身體是自信的關鍵

我們可以從威爾斯語「hwyl」（悸動）這個詞彙，了解如何掌握身心凝聚的聲音力量。「hwyl」的意思是「人的身心狀態良好、理智、機智」。或是「（樂器）音調、熱情、熱愛、彭湃」[3]，多麼身心凝聚。「hwyl」就像聲音，充滿空氣力量，該詞彙來自威爾斯語的「hwylio」，意思是「航行」，而hwylio原本也是古英文中航行之意。英國小說家李察．勒埃林（Richard Llewellyn）在《翡翠谷》（*How Green Was My Valley*）一書中，將「hwyl」形容得恰如其分，他寫道：

> 群眾全身上下都在輕輕挪動，並非因為不安分，而是為了讓手臂有自在空間，讓雙腳能夠站穩，讓胸部能夠好好呼吸……讓所有人能夠高歌……現在打開喉嚨，下巴抬高，大聲一點……抬頭挺胸，讓歌聲穿透屋頂，響徹雲霄。[4]

在英文中，我們只會說讓別人的船帆無風（按：讓人失去自信之意），不會說讓別人的船有風，這或許尖銳地點出某種意涵。勒埃林在同一本書以一段話總結學校合唱團：「唉，男孩女孩唱歌時，嘴張得如鈕扣般小，毫無聲調、毫無深度可言，也不用心。」[5]學校都教導孩子坐著，嘴巴閉上，而非要他們起身大聲唱歌。儘管現在大多數學校不再會這樣殘害心靈，但仍要孩子坐著寫功課。如果你覺得自己生活常久坐且沉默，你也可以去找尋自己的悸動，找回那股風，再度揚帆，重返自信。當你豎直桅杆，身體站直，讓能量與氣在身體周圍通順時，就能再次聽到那股悸動聲音。

現在這個數位時代，儘管人跟人的距離不過才幾張桌子，卻還是常只坐著傳訊息和對方交流。你必須好好運用自己聲音，否則就會失去它，愈是和別人面對面交流，不透過螢幕，你就會愈想起身表達意見，也會愈發現自己的悸動。

那麼，如何創造這種熱情力量？腰桿子要有力，呼吸要順暢。走動時展現活力與方向感。這些都是說話讓人有自信的原理，因為身體會告訴內心現在有多安全（見第84，112－117頁），如果你想在大庭廣眾面前保持自尊，這些原理十分重要。身為講者的我很了解，靠著第一章及第二章的技巧，再加上身心凝聚且進入狀況的自信，就能讓我站到觀眾面前，感到鎮定、有自信，表達自如。

別當一顆顧著說話的大頭

當然，人都知道自己有身體，問題是說話時有多重視它？對大部分人而言，腦袋總是愛干擾，讓人很難注意身體。多年下來我發現，一個人說話聲音單調、急促，通常是因為將大部分力氣耗費在當自己的明星秀評審，一邊說話一邊聽，給自己的音調、音質和內容打（很低的）分數，每個地方都覺得不好，很不開心。這等於是將注意力框在內心，說話變得神經兮兮、聲音聽起來單調、乏味且急促。但我們要的是說話放輕鬆、速度穩健，且有自信。

當年我進到皇家中央演講與戲劇學院後，必須重新學習如何主宰自己的身體。老師要我「放下執念」。在我尚未掌握精髓以前，我很困惑，很不自在。如果你也覺得這麼做很不自在，請堅持下去，你的憂慮有時候代表了腦袋發覺應該要讓身體一同參與。我在上戲劇學校以前，所受的教育是重視腦袋。我不擅長運動，比賽也不在行，學校教育告訴我，身體是用來打籃網球（netball），大家跑來跑去，都不出聲。身體在剩下的時間是要用來坐下讀書，閉上嘴巴。記得小時候我很喜歡音樂，也很好動，但認真讀書之後就不再如此。我受的教育並不會告訴我，要懂得欣賞或理解人聲原理，也不會告訴我可以透過呼吸鎮定自己，以及血糖對注意力集中很重要的原因。所有重點都放在腦袋。我確實偶爾會動一動，好讓身體瘦一點、健康一點，以符合這個社會對人要瘦才好看的期待，但我完全不懂得去欣賞這整套身體機制。

直到二十多年前，經過戲劇學院老師的提點，我才開始學習如何主宰自己的身體。就和自己的聲音一樣，我沒有留意過自己的身體，沒有發覺到心靈、身體與聲音三者之間的關聯，也不知道頭的姿勢會影響呼吸，更不知道下顎緊繃會和右臂緊繃有關係。我在幫助客戶時，總是會發現大部分人也欠缺心靈、身體、聲音的連結。當你連結三者，了解身體可以讓聲音更加暢旺，就會找回天生那股有自信、有力的聲音。

目前神經科學上有個名詞用來形容這種將注意力放到身體的過程，叫做「內在體感」（interoception），也就是讓自己有生氣的內在身體認知。在這個大家工作時狂用腦、不斷滑手機、點擊來點擊去的時代，至少三十年來神經科學已經告訴了我們一件事，那就是人如果想要有自信，就必須要用「我感受故我在」去平衡笛卡爾的格言「我思故我在」。范德克醫師說：

神經科學中最明確的一件事，就是人對自己的感知其實和身體息息相關。人要能夠感受並解讀身體的感覺，才能夠說是真正認識自己。我們必須認識這些感覺，並且依據這些感覺行動，人生的航行過程才會安全。[6]

試試看：融入身體

好消息是，內在體感是可以訓練的，能夠有意識地辨到。「不要把重點放在頭上」的第一步就是將注意力從頭部轉到身體，讓你不再只會顧著說話，還會身心凝聚，這是讓聲音突出的關鍵。一個不錯方法是去想像將「頭放進腹部」。或者也可以運用中國人的身心觀念，將注意力放在內心。重點是將注意力放在身體，而不是大腦，這樣說話就會更加流暢、自由且自在。

1. 感受雙腳——現在雙腳感覺如何？
2. 留意身體其他部位——注意力放在上面。
3. 有沒有發覺到在內心流動的情緒？你感覺到鎮定、不安、快樂、溫暖，還是寒冷？

如何愛上自己的聲音

許多人告訴我，他們很討厭自己的聲音。更確切地說，是不喜歡自己聲音聽起來的感覺。這就表示他們尚未完全和體內聲音產生連結。所以我會建議他們關閉腦中的麥克風，將注意力放在體內，感受自己的聲音。

以前我也活在自己的大腦裡，不喜歡自己的聲音，聽起來就像是陌生人，覺得很討厭。直到後來有人給我建議，讓這一切全然改觀，這個建議是：「不要聽自己的聲音，要感受自己的聲音。」建議我這麼做的，是聲音老師暨劇場導演芭芭拉·豪斯曼（Barbara Houseman），當年我拜師學藝時，她可以說是世界上最厲害的老師之一（見第256頁）。我變得能夠和自己聲音當朋友。這個方法十分管用，讓我的注意力不再集中在大腦，而是集中在身體。內在體感也是讓人愛上自己聲音——起碼更喜歡自己的聲音一點——的方法。一旦能夠感受到自己的聲音，表示你的注意力已經放在身體上，也就是用來發出聲音的氣流源頭。如果你只是聽見自己的聲音，你的注意力會放在耳朵，只聽見聲音透過空氣震動傳進來。反觀去感受自己的聲音時，你的注意力會放在發出聲音的身體部位，讓你更加掌握發聲。

這就是為什麼愈是去感受，而不是去聽自己的聲音，說話會變得更有自信。聽自己的聲音會讓自己緊張、侷促不安。如果你是去聽自己在說什麼，就沒有在聽觀眾的反應；如果去聽自己在說什麼，等於是把注意力鎖在腦袋和耳裡。由於人的注意力有限，如此一來就沒有夠多頻寬去注意別人，聲音會因此變得單調、沒自信。何況聽自己說話很浪費時間，沒有人可以精準聽到自己在說什麼，道理就是這麼簡單。當震動聲波從外面傳進人的鼓膜時，腦中也會產生聲音，而且頭顱內的震動會讓你聽見別人聽不見的低音。別人聽見的和你聽見的不一樣，聆聽自己的聲音不僅無法讓你獲得正確資訊，還會切斷你和剩下世界的連結。不要卡在腦袋裡的回聲室跳不出來，陷在裡頭計較自己的聲音。將注意力抽離腦袋，放到身體上，從這裡出發，讓世界注意到你。去感受自己在說什麼，而不是試圖聽自己在說什麼，這樣你就會直接進入身體層面，充分了解身體給你的反饋，日後說話時便會有力、有自信。

試試看：感受自己聲音

感受自己聲音其實很簡單，聲音就是震動。你可能會因為想東想西的關係，刻意調整那股震動。但當你在感受聲音，你就不再侷促不安，而是全心投入當下的聲音感覺，讓聲音得以施展，更能好好表達，變得更加健談。

1. 說話時仔細聆聽自己說的話，聽聽看自己的聲音，用耳朵感受自己的聲音是什麼感覺，先不用感受身體的蜂鳴感。

2. 現在注意力放到身體。說出自己的名字，感受一下哪裡有蜂鳴感，專注在自己的感覺——那股蜂鳴感與聲音共鳴。打哈欠是不錯的方法，因為這是身體能夠最先感受到、最放鬆的聲音。接著說話。感受得到共鳴嗎？（正確用語是「骨傳導」，聲音在骨頭裡產生震動蜂鳴。把手放在鎖骨和胸口是不錯的方法。）說不定肋骨位置也感覺得到低音。接著，說話時將注意力集中到人聲（voice）的感覺，而非聲音（sound）。手也可以放在身體上，去摸索蜂鳴感。用不同音高的聲音試試看。如同先前在第49—50頁摸索音域時發現到的，高音會在頭顱產生共鳴，低音會在胸部、背部、腹部，甚至是腿部產生共鳴。想要再試試看的話，可以做之前在第50頁做過的音域溜滑梯練習。

3.找出最自然蜂鳴音的方法，就是發出「嗯——」的聲音，像是同意別人看法那樣。你會發覺「嗯——」這個音感覺很舒服，通常也是說話最自在的音高。練習說「嗯——」幾次，感受自在的蜂鳴感，好好享受。注意蜂鳴感位在身體哪個位置，然後用同樣音高說出自己名字。留這個狀態下的自己聲音感覺，可以感覺到聲音在身體哪個部位嗎？把手放在那裡。說話時如果感覺得到聲音的定錨，你會覺得很舒服，很踏實。好好感受聲音，而非用耳朵評估聲音，這才是真正自信說話的良好感覺基礎。

一旦說話時不再聆聽（與評判）自己聲音，改將注意力放在聲音給身體帶來的蜂鳴感，你的聲音會有很神奇的進步。你的焦點會轉移到身體的感受，就這麼簡單，不會再一直聽自己的聲音（不論你喜不喜歡）。你的身體不僅進入狀況，而且有所共鳴。

錄音檔上自己的聲音出乎意料地單薄，是因為儘管人能夠準確聽出自己聲音的音，卻無法正確掌握聲音背後的蜂鳴／共鳴。

了解人聲在體內的感受之後，你會發現聲音就是自己的一部分，你會感到自在，會願意將聲音扎根到體內，而非只用耳朵聆聽自己聲音，加以評判。一旦習慣自己聲音的感覺、不再想東想西，企圖達到聽覺上的完美境界時，就表示你已經沉浸在身體與情緒之中。既然身體是聲音和情緒的來源，作為一名講者，你在演說時也就會更加沉穩。

所以，去感受自己的聲音吧，不要用聽的。你會發現自己的聲音因此展現出不同風貌的自信。

姿勢的力量

在這個年代，大家多半不會「勇敢面對處境（字面意義：站在高處主宰自己處境）」（見第129頁安吉羅的名言）。大家都坐在桌前，駝背滑手機，納悶為什麼感覺起來像是被人生處境主宰。人生將我們塞進一個個小盒子，但就在展現自我的那一刻，不知為何自己聲音聽起來不如想像中有力或有自信。「數位革命」使人經常會胡思亂想，眼睛常盯著手中發光的手機，你知道這種科技產品會讓自己注意力不集中，但有沒有想過也會對聲音產生什麼影響？

「自立自強（英文字面意義：替自己好好站著）」、「堅定立場（英文字面意義：腰桿子挺到最直）」、「勇敢有骨氣（英文字面意義：展現你的腰桿）」，從這些日常用語可以知道，一個人的身體姿勢和自信息息相關。說話想要有自信，姿勢是根本基礎，會讓你有勇氣、能夠展現膽量——有骨幹，而不是許願骨；會讓你找到內在核心，找到聽起來、感覺起來都很棒的真實感。一個人的背部如果堅強有力，代表有骨幹、有膽量，而且懂得運用自信與力量，自立自強。

讓自己聲音有深度的最簡單方法，就是站好。良好站姿會讓橫膈膜和肋骨架幫助肺部呼吸自在，喉頭的位置也會正確。由於喉頭只靠韌帶和肌肉支撐，如果頭和脖子姿勢不正，喉頭就不能好好發揮作用，會讓聲音更加單調、單薄——身體不正，便會失去自信。身體姿勢一旦正確，聲音會更加自然、有力量。

人是視覺的動物，經常用身體正面過活。雙眼位於頭顱前方，加上太多事物引人注目，因此人多半先靠眼睛引導身體正面通過各空間。現在，不如試著讓頭和脊椎筆直對齊，眼睛看前方，但人向後走（務必先確定周遭環境安全）。缺少眼睛引導前進時，人的脊椎很快就會挺直。注意這種感覺。用身體背面過活的人，聲音會更好。下次遇到厲害的講者演講時，留意他們的姿勢，是不是都站得筆直，抬頭挺胸？在公司開會時，可以留意一下同桌低頭或駝背講話的其他人，聽起來多麼無精打采。你如果站著抬頭挺胸，走動很有自信，視線向上向外，而不是顧著低頭看手機，你的動作、呼吸和聲音會自然而然變更好，心情也會開朗（見第150頁），別人會覺得你更有自信，這是很實用的一種魔力。

良好聲音取決於身體是否對齊筆直。姿勢對齊筆直，保持開闊，便能創造空間，讓自己的「樂器」產生共鳴，就像是吉他的音箱，這一點已在第一章提及。反觀彎腰、抱胸、縮腹，就等於是封住共鳴空間，無法好好呼吸，便難以創造音量。聲音老師貝里明白指出：

> 如果你的背太弓，肋骨就無法活動自如……如果你的肩膀向前縮，你會立刻發覺頭必須向後抬，才不會失去平衡……但頭向後抬，脖子又會變緊繃，原本有的空間就會縮小，讓脖子難以產生共鳴……這樣懂了嗎？脊椎一彎，其他部位勢必也得彎曲，以維持平衡。[7]

試試看：站直

這個練習雖然老套，但很有用，能夠讓你知道自己的站姿直不直，以及會對自己聲音產生什麼影響。你會需要一本書，如果也能找個錄音設備，錄下自己在練習過程中的聲音，也不錯。

1. 保持平常站姿，然後低頭，假想在手機上寫簡訊。說出一星期的每一天，留意自己聲音的感覺。
2. 現在雙腳與臀同寬，繼續站著（與臀同寬是指臀骨前方的寬度）。
3. 拿一本書放到頭上，肩膀手臂下垂放鬆。
4. 你會發現，為了要讓書保持平衡不掉下來，你的身體會挺得筆直，尤其後頸部、上方脊椎及深層核心肌肉，都會像是被別人從後方抓住領口那樣，抬得筆直。書要保持平衡，就不能抬下巴，也不能縮下巴，必須保持不偏不倚。現在，說出一星期的每一天。

多數人都會發覺，脊椎如果呈現筆直，聲音就會輕鬆有力；如果低頭看手機，聲音就會卡在喉嚨，因為聲音通道不順。

5. 將書從頭上移開，但繼續維持脊椎有力的狀態。再說一次一星期的每一天。你會發現，脊椎保持在這種有力且筆直的狀態，聲音自然就會更有力、更有自信。想要讓聲音突出，抬頭挺胸就對了。

你不可能一輩子頂著一本書，但抓到這種伸展身體的感覺，體會到對聲音的幫助後，就能套用到實際情境。當你覺得被生活壓得喘不過氣時，要不斷挺胸振作。不見得要用多高深的方法，起立打個大哈欠，伸個懶腰也行（如果你是坐在公眾場合，可以低調一點，即便打哈欠做得壓抑，也是很棒的伸懶腰方式）。留意打哈欠、呼吸空間打開時會發生什麼事，感受伸懶腰時全身通暢的感覺。能量會流動起來，悸動就是這麼產生的（見第131頁）——打開身體，抬頭挺胸。你會比想像中還能夠掌控這一切。

核心自信

書放在頭上時，姿勢肌肉必須協同運作，才能讓身體挺直伸展。俗稱「馬甲」的腹橫肌，也就是深層核心肌群（位於腹部和下背部）這時會發揮作用，對於姿勢與聲音的影響很大。脊椎如果自然平衡，便能讓肋骨自在活動，呼吸也會暢通。核心肌群也是人聲力量的關鍵，所以要讓背部保持直挺，與核心肌群協同合作。身體愈是能夠自然挺拔（想像幼兒自在的姿態，而非軍官那副模樣），聲音就愈能夠敞開綻放。

前腳能量

這項練習能夠讓你的聲音自然且集中。掌握核心肌群的運用，聲音即可繼續保持這種狀態。重點在於說話要靠全身，而不是只靠頭。吐氣要靠姿勢肌群提供支撐，讓聲音更有精神、更有力量。

1. 首先，找到你的前腳，也就是平常踏出第一步的慣用腳。
2. 前腳大拇指壓地，說出一星期的每一天。這時你會發現核心肌群在施力，讓自己聲音有力、有精神。
3. 再來，鬆開腳大拇指，重心轉到腳跟，再說一次一星期的每一天。這時你的聲音會變得沒那麼有力。
4. 大拇指再次壓地，感受聲音力量再度恢復。（坐著也可以從事以上練習。）

以下是其他讓聲音更有精神的練習方法：

- 面對牆壁站立，雙手推牆，一邊推，一邊運用核心肌群施力，說出一星期的每一天。推牆壁時運用到的肌肉，會讓你的聲音變得有力量，彷彿來自身體中央，而非來自頭部。
- 如果力氣夠大，背部也沒有任何不適，可以高舉啞鈴、椅凳或椅子，人站直，雙腳站穩，與臀同寬，然後一邊舉重物，一邊說出一星期的每一天。你會發覺這些相同肌群會在你說話時施力，讓你從腹部發出聲音。

背夠強壯，聲音就會強壯

美國俄亥俄州立大學李察．裴提（Richard Petty）、帕布洛．布里歐（Pablo Briol）與班傑明．華格納（Benjamin Wagner）等人在二〇〇九年做了一項研究，發現身體姿勢會影響人對於特定觀念的把握度。[8] 端正姿勢會讓人在思考時更有自信。

想讓聲音有力、有自信，答案就在身體。凡是在要對自己見解有自信、需要表達看法的場合，我會建議你的姿勢保持端正。這樣就能夠掌握內心所思，好好闡述。說真的，背挺直，多加把勁，全身協同合作，聲音就會變得宏亮。這就是為什麼演員幫動畫影片配音時都會站著，而且會搭配手部動作。要動，聲音才會不一樣。坐著的時候坐直，肌肉才會正確輔助施力，讓聲音宏亮。

對付簡訊頸

既然身體要筆直，說話才會有自信，我認為阻礙現代人說話順暢的最大問題在於「簡訊頸」，也叫做頭部前傾姿勢。[9]現在來做個小實驗，拿出你的手機，滑一下看訊息，或者瀏覽社群媒體，你會發現身體朝手機傾斜。這會對呼吸產生什麼影響？氣走到哪裡？是不是集中在胸部位置，而不是腹部、橫膈膜位置？注意這時身體的姿勢。說話時，聲音集中在哪裡？是在喉嚨嗎？人駝背就會產生瓶頸，聲音會卡在喉嚨，要發出聲音會很費力。

其實，簡訊頸是一個老問題的新型態。早在卷軸出現，人類在上面寫字、讀卷軸的年代就有這種問題。如果我們再不小心，人的身體就會照這樣演化下去。日復一日，每

個人查看訊息都向前傾，慢慢這種頭部前傾／駝背現象就會變成常態。人的聲帶（見第47—50頁）位置在甲狀軟骨（喉結）後方，當聲帶的空間遭到限制，便難以有力運作。

頭的重量約有五公斤，頭每偏離自然筆直狀態、前傾一英寸（約二．五四公分），脊椎就得承受額外四．五公斤的負荷，[10]身體會被迫用到本來不應該用到的肌肉，像是下顎部位，整個人才不會垮下來。當頸部和下顎變得緊繃，聲音也會變得緊繃，甚至會影響聲音共鳴。[11]你也許知道這個姿勢對脊椎不好，但不知道這個姿勢會極度阻礙表達及情感連結，更別說會阻礙說話亟需的力量。研究指出，當頭向前傾時，上胸廓會擴張，下胸廓會收縮。[12]從肺部畫面（見第56頁）可以得知，肺活量最大的區域集中在肺的下半部，因此一旦下胸廓收縮，形同失去肺活量。簡訊頸還會讓呼吸不太順暢，連帶也會影響聲音的力量。

糟糕的不只如此，簡訊頸還會讓人變得更焦慮，重心偏離、姿勢不良時，肩膀就會緊繃，身體會駝背，產生圓肩。低頭滑手機——頭和眼睛向下，氣集中在上半部胸口——會呈現出防衛姿勢，身體以為遇到危險，誘發「鬥或逃」反應（見第99－100頁）。這種壓力反應加上一大群觀眾帶來的壓力，會讓你很緊張、慌張。滑手機會讓身體呈現屈服或防衛姿勢，難怪一開口，觀眾就會覺得你不太對勁。

正因為太多人都有簡訊頸的姿勢毛病，這也是你可以展現與眾不同之處的大好機會。如果你能抬頭挺胸，面對處境不畏縮，聲音集中、呼吸放鬆、姿勢保持筆直，你就會成為大家都想洗耳恭聽的對象。克服簡訊頸一部分得靠自律，一部分得靠主動留意。以下是幾種練習方法。

試試看：簡訊頸

看看照片或影片中的自己，頭是不是往前傾？如果是的話，你有簡訊頸。

另一種確認方法是靠牆坐下或靠牆站立，然後滑手機。如果覺得滑手機時頭靠著牆感覺很奇怪，那你也有簡訊頸。

試試看：耳朵在肩膀正上方

快速擺脫簡訊頸的一種方法，就是記住，你的身體知道如何讓說話有自信，這是天生的。小孩子天生都有直挺的背部，用來平衡大頭，至於大人站在搖搖晃晃的火車上或在山中健行時，身體也會很自然地維持筆直，進行自我平衡。你的背不是不再直挺，只是要練！

問問自己：「我的耳朵位置是不是在肩膀正上方？」因為本應如此。如果哪天發覺自己又犯了簡訊頸的毛病，看東西時頭又超過肩膀，就提醒自己：「耳朵要在肩膀正上方」。每當我覺得累的時候，或是看手機看久了，我會格外注意這一點。人累的時候或心情不好時常會駝背，這一點挺有意思的，如果你能留意到自己出現這種狀況，謹記「耳朵要在肩膀正上方」，這對調整心情和聲音都有幫助。不管到哪裡，都要留意：「我的耳朵有沒有在肩膀正上方？」

將耳朵位置移回肩膀正上方的方法如下：

1. 想像有人從脖子後方抓住你的領口，把你吊起來，就像母狗叼小狗那樣。
2. 現在，移動頭頂，將耳尖對準肩膀正上方。
3. 你會發現，後頸很輕鬆就能從脊椎向上抬，讓頭在頸部上方保持平衡，而不是前傾失去平衡。這就是你脊椎的自然對齊狀態，也是身體本來的設計！

調整簡訊頸及姿勢問題的有效練習方法

要每天做第62－64頁的橫膈膜負重練習。這個練習方法來自第165－166頁說明的亞歷山大技巧（Alexander technique）。

剛柔並濟

你會發現，良好站姿會產生一種新的、剛柔並濟的力量。這股力量如水般流動，富含彈性，因為是來自身體與呼吸，而不是來自揮之不去、固守腦海的脆弱自我觀念。藉由直挺背部體現身心凝聚，能夠讓柔軟正面產生情感連結，這會影響聲音。接下來，我將說明外在的直挺背部如何創造內在自信，形成隱形的直挺背部。二者之結合，對於聲音和說話非常有威力，也很有用。

最近有項研究在探討人們聽到別人用不同口吻說「你好」時的反應，結果發現最受好評的口吻融合了信任、力量與討喜。聽者的評分都很一致，顯示信任、討喜（輕柔）及強勢（力量）是高分口吻的主要特色。[13]

試試看：用直挺背部及柔軟正面進行沉思

這套沉思方法來自喬安·荷里法斯的著作[14]，能讓你變得有力卻又柔軟，溫柔提醒你姿勢的威力及對自信的影響。儘管隨時都可以做這項練習，但在重要日子或要上台演說前，事先在家裡練習會特別有用。

1. 注意力集中在脊椎。深呼吸，感受脊椎多麼強壯且整齊。
2. 閉上眼睛，想像完整一條脊椎，感受體內能量在脊椎上下流動。
3. 身體左右輕輕搖擺，一邊讓姿勢就定位。
4. 注意自己的呼吸。想想呼吸循環：吸氣，讓氣循著脊椎由上而下。吐氣，讓氣從身體正面湧出，然後嘴巴輕輕閉上。再來，注意力轉到腹部，腹部吸氣，讓空氣用力深入腹部，看到腹部起伏。
5. 只要脊椎有力，遇到任何情況你都能保持沉著。你可以默默說「背有力」，提醒自己這股力量。
6. 你的心和背已經連在一起，心裡感受一下身體的筆直與彈性。
7. 一邊用腹部深呼吸，一邊感受那股渾然天成的勇氣。注意力轉移到胸口，感受這塊柔軟、開闊的空間。
8. 感受腹部高漲的堅強決心，心保持開放，讓這股決心穿過去。
9. 通過你的心，藉此紓解緊繃。口中說「柔軟正面」，提醒自己能夠柔軟。

身體放鬆＝有自信的講者

在現代社會中，演說令人困擾。為了要展現侃侃而談的樣子，講者得事先做好功課，內容斟酌再斟酌，卻又被要求說話要放鬆。放鬆，又必須達到完美——姿勢良好，神情專注、說話坦誠、視線抬高、聲音清晰。面對這個難題，訣竅在於學會做自己，拿出最好的表現。當我們感受良好時，會變得很理智，全身進入狀況，很健談，走到哪裡都會帶著精神與明確目的，不會試圖逃避。

對台下觀眾說話的重點，在於要當作是和老朋友們在客廳聊天。大家走到觀眾面前，經常會嚇得手足無措，感覺自己很渺小。這就是把自己當成被害人，而不是有自信的講者。以莎士比亞的作品來比喻，就像是變成戲中驚慌失措的僕人，而不是無所不能的皇后或國王。別緊張，我不是要你上電視佈道，或是上深夜節目當主持人，而是要你找到自己最佳狀態下的自然自信心。作家薇芙．葛洛斯克浦（Viv Groskop）在寫得很棒、我超愛的《如何掌控場面》（*How to Own the Room, 2018*）一書中，把這種自然自信心形容為「快樂的上層階級」。

你可以用十級級距來評估，再次援用莎士比亞作品來比喻，一級是僕人等級，十級是皇室等級。如果平常和朋友在一起，你位於第五級——自在、放鬆、完美，開小型會議時，處於這一級沒有問題。但如果你變成主角時，那就要升到第八級。

接下來我會用幾頁篇幅告訴你，當你是眾目睽睽下的主角時，要如何從腳根向上產生自信。因為自信就該從這個部位產生。

腳踏實地

「她這個人很腳踏實地。」這句大家耳熟能詳的句子，表現出一個人自在的自信與信任。想要掌握自己的聲音，雙腳牢牢站穩非常重要。說話要有自信，必須將心思放在雙腳，至於背後原因和該怎麼做，接下來我會告訴你。

當你在室內朝一個朋友走過去，你的姿態是很放鬆的，且單純把注意力放在對方身上，不會擔心對方怎麼看你。如果想要有自信地說話，你也必須同樣輕鬆自在地現身及走動。

研究告訴我們，人光是想像自己走在水泥地板上，都會讓身體晃動，繼而改變呼吸，誘發「鬥或逃」反應。反觀想像自己赤腳站在柔軟地面，讓腳放鬆，便會有個訊息產生，要神經放鬆。[15]英國演員勞倫斯・奧立佛（Laurence Olivier）就要演員「放鬆自己的腳，盡情呼吸」。你必須讓自己的雙腳感到放鬆舒服，神經系統才會真正有安全感。挑鞋子時務必謹慎：穿起來覺得太緊、疼痛或者會讓身體失去平衡的鞋子，都可能會限制住你個人風格的展現，或者無法讓你好好做反應。如果今天你是要上台演講，不論是在商務場合、一般演說場合，甚至是在一場派對，都不要把腳上鞋子看得比自己的聲音還要重要！一定要挑能夠讓你好好站穩的鞋子。不過高跟鞋有點麻煩，有些人覺得穿上去會更有自信，但如果你仔細聆聽自己聲音，會發現高跟鞋會讓腰椎彎曲，使氣集中到胸部位置，讓聲音聽起來比較緊張。

基本上，如果你穿鞋子走路覺得不舒服（搖搖晃晃不算是走路舒服），就會影響聲音表現。去找一雙走起路很舒適的鞋子，腳舒服了，就會有自信，呼吸和發出聲音就會很自在。

試試看：掌握自己的根部

這項練習會教你和地面產生連結，讓你真正覺得腳踏實地。如果可以的話，第一次做這項練習時，請脫掉鞋子。得心應手之後，到哪裡都可以做：像是走到台上，或是參加一場會議……等等。演講時要繼續讓腳放鬆，萬一發覺自己開始不穩定、沒有力量，就複習一下腳踏實地的感覺。

1. 人站直，雙腳與臀同寬，感覺像是雙腳放鬆直通地底。你可以想成是一吸一吐，氣都穿過腳上孔隙。
2. 小腿放鬆，尾椎下沉，背部下方有拉長的感覺。
3. 想像自己喜歡的自然場景，像是海灘、公園，或是花園。想像自己赤腳站在柔軟地面，感受雙腳放鬆。想像從腳底生出根部，向下長到土壤裡面，然後擴散到你的前後左右。

面對觀眾時，保持這樣的根部感覺。走到台上後，向下扎出根部，然後呼吸。身體走動時，不要說話——不要一邊走動，一邊說話，這樣會分心，在台上找到一個新定點，扎下自己的根，呼吸，然後說話。如此一來，觀眾數量再怎麼龐大，你也會有安全感。

手該怎麼放

許多客戶會問我，說話時手該怎麼放？答案很簡單，只要身體重心集中，姿勢良好且放鬆，手部動作就會很自然。感覺到自信、備受尊敬之後，剩下的就是運用自然手勢的技巧問題。

如果你覺得自己需要放點心思在手部動作，我的客戶都覺得下列方法挺管用，你可以試試看：

觀察自己放鬆的狀態：找出自己自然的手勢，留意自己放鬆自在時會有什麼動作（自拍成影片說不定會有幫助），像是在吃晚餐時，手會握著酒杯，聊得很開心。這些姿勢也有助於你在觀眾面前表達想法。

觀察自己緊張時的舉動：留意自己緊張時會有什麼反應。抱胸？緊緊握拳，或是緊握一枝筆？指來指去？還是會將雙手放到背後？你必須停止做這些舉動。雖然可能需要用心才會察覺到它們，但只要深呼吸、肩膀放鬆，手就會放鬆。假如擔心這些緊張手勢會在你說話時故態復萌，那就用預錄影片的方式來演練，看看能不能改掉這些習慣。或是請朋友看著你演練，每當你犯了緊張的老毛病時便喊一聲。如果你去注意自己緊張時的舉動，很快就能改掉。

放鬆身體：肩膀、臀部、肋骨都放鬆，這樣你就永遠完全不用擔心手該怎麼辦。演員在暖身時會甩甩腳、甩甩手、動動肩膀。因為他們曉得讓身體放鬆後，就不用擔心手的問題，因為身體動作會更加自然。

試試看：動動肩膀，甩甩手

以下練習很適合在演講前做，不限特定時間或地點。我相信你一定曉得哪個練習最適合自己（以及適合你所在的空間）。

1. 吸氣時縮肩膀，吐氣時放鬆肩膀。
2. 肩膀緩緩向前做圓圈運動，做五次。
3. 確認動作不會打到周圍東西後，將右手前後甩動。如果舒服的話，也可以做完整圓圈運動。做完十次之後，換左手做。

4. 雙手輕輕甩一甩，紓解緊繃感。
5. 最後，肩膀保持寬闊——你可以整天都多加留意這一點。想像自己有對天使翅膀也許會有幫助。

在台上如何擴展自信心

上台伴隨而來的壓力與受人矚目，會讓人想自我封閉、抱胸，躲到講台後，或是緊盯筆電手機；讓人想要縮小，縮到地底下去。

自信演講的秘訣，就是去感受成為全場焦點的那股恐懼，然後有意識地讓自己在空間上更有份量，而非更少份量。在一群觀眾面前演講時，你的份量必須比平常一對一聊天時還要多。一旦站姿正確，讓手勢開闊、善於表達，你的聲音和精神也會隨之提振。

試試看：壯闊雄偉

我學過這項練習，叫做「壯闊雄偉」，名字取得很好，因為做完真的讓人覺得更加壯闊雄偉。本章目前學到的事物都可以運用到這上面。你可以在演講前的早上先在家裡練習。如果演說會場沒有人，也可以在那裡做。

1. 身體重心集中，雙腳放鬆，保持鎮定平衡，想像頭上頂著一本書，然後找到最佳狀態及深層核心力量，也就是你的威力來源。
2. 兩隻手臂張開，確認用眼角餘光可以看見雙手指尖。一邊說出一星期的每一天，一邊讓自己的聲音與能量流瀉出來，超越聊天的份量，直到占據整個室內空間。
3. 手臂慢慢下垂，但繼續保持眼角餘光及增加個人空間的感覺。然後說出一星期的每一天，讓聲音填滿更大的空間。

精神與方向

身體擁有了核心自信，也懂得如何在台上擴展個人空間感，下一步就是走動時重心保持集中。

凡是觀察有自信的講者，你會發現他們走動時，面對台下觀眾都有一種自己不會刻意察覺到的自在與目的，也就是有精神、有方向。

你早就曉得如何在走動時保持自在、有精神、有方向，因為你放鬆時就是如此。想像一下在陽光明媚的假日早晨，你很自在，你有想做的事情，身體才有所動作。這個動作很單純，也有目的。

再來，回想上一次心情緊張的感覺，像是走到台上面對台下觀眾，舉手發問，或是起立說話。即便是走路、站立、舉手等日常簡單動作，加上觀眾目光之後就會變得奇怪、侷促不安且笨拙。因為你滿腦子都是一大堆緊張、不安的想法，表現在身體語言上，就是會緊繃不安份。

緊張焦慮會讓人的內心世界極度敏感；去猜測別人在想什麼；放大自己搞砸事情的嚴重程度；而且會編出心理劇情片／災難片劇情，充斥自己腦袋。就是這些想法，才會讓人緊張不安，而且身體不安份，緊繃焦慮，也會讓別人替我們捏把冷汗——這是會傳染的。

問題是：如果你知道如何在特定情境下用放鬆但帶有目的的方法走動，又要如何套用到在台上或者走進會議室的情境，而且台下還是人滿為患的狀態？答案很簡單，那就是：跳脫焦慮思考，模仿自己擅長之事。你需要學的技巧叫做「相機朝外」。

試試看：相機朝外

我常教那些愛胡思亂想、愛分析每個舉動的人這種技巧。這些人緊張焦慮時，常會扭捏不安，過度思考所有事。如果你也是如此，最直接的解藥就是學習把注意力放在感官，不要放在腦中想法——讓相機朝外。說話屬於身體的事，因此你在走動時會意識到自己身體的感官，是很合理的。請聽進去我的老師的建議，「不要把重點放在大腦」（見第133頁）。

把重點放在模仿自己放鬆時的行為。你在放假時穿過一座夏季花園，會先設定好方向，然後有精神、明確地直接朝那個方向移動。（可以看看厲害的舞者或者網球選手的移位示範，他們是箇中好手——動作都很明確，而且有目的。）如果你也能這樣走動，你的感官會聚精會神帶著你朝指定方向走過去。

1. 精神放在感官上，相機朝外。有什麼是你以前未曾看過、聽過、聞過、品嚐過的？這會讓你的相機變得敏銳，內心思緒會安靜許多。
2. 再來，挑一個想走過去的定點。設定好方向，朝那裡走去，一路上將注意力集中在所見、所聞、所感受、所嗅及所品嚐之事物。走到想去的地方，然後停下來，深呼吸，兩腳站穩。

我在幫助別的講者時，都會運用這種「相機朝外」的方法讓他們練習走動與駐足。這種方法會讓人看起來很放鬆、很健談，走上台時精神會很放鬆，而且有方向。你會發現當自己走動時充滿自信，說話也會變得有自信。

精進身體姿勢

想進一步精進身體姿勢的話，可以向運動員、舞者、歌手及其他演藝人士（及非演藝人士——像是我）學習，另外再請有受過亞歷山大技巧專業訓練的老師，瑜伽或皮拉提斯老師教你。你可以借助這些專業讓身體變得筆直且有餘裕，這樣在走動或說話時，就會有自信，而且自在。

最好是找老師一對一教你。市面上有很棒的團體課程，網路上也不乏眾多選擇，但如果條件許可，我建議先請受過專業訓練的老師進行面授教學，因為人經常看不到自己的壞習慣，老師輕鬆兩三下就能點出你的問題，告訴你如何練習。

亞歷山大技巧

亞歷山大技巧是一套讓人掌握自己聲音的強大方法，強力推薦。這套技巧的始祖是斐德烈克・馬薩爾斯・亞歷山大（Frederick Matthias Alexander），他在一八六九年出生於澳洲的塔斯馬尼亞，年輕時便開始朗誦文學劇作，後來開始出現說話障礙，醫師卻束手無策。正當感到萬念俱灰，他開始照鏡子觀察自己，結果發現是朗誦時身體姿勢在作祟，原本他還覺得這種身體姿勢很有力量、帶給他自信。套用他的話，後來他就替身上肌群尋找新「用途」，最終消除了說話障礙。荷蘭動物行為學家尼可拉斯・汀柏根（Nikolaas Tinbergen）一九七三獲頒諾貝爾獎，就曾在獲獎講座上提及亞歷山大的貢獻：「這位沒有受過醫學訓練的仁兄，卻如此有洞察力、聰明，而且執著，可說是醫學研究與實務上的一部史詩故事。」[16]

但亞歷山大認為這樣還不夠。他知道不光是他一個人會因為個人習慣，導致難以自然且自在地展現優雅的聲音及動作，於是他開始傾囊相授，並交由弟子傳承。如今，亞歷山大技巧已成為表演訓練不可或缺的一環。我是在偶然機緣下學習到的，上過一對一課程之後，我睡得更好，走動時姿態更為優雅，不曾料到內心竟能如此平靜，還找回了天生無拘無束的聲音。汀柏根在致詞時又說，他發現「在諸多方面，像是高血壓、呼吸、睡眠深沉程度、整體開朗程度、心理敏感度、面對外在壓力的韌性，以及演奏弦樂器等，需要反覆磨練的技巧方面，都會因此有長足的進步，令他愈感驚奇。」[17]

至於亞歷山大技巧在課堂上如何進行？老師會先不動聲色地觀察，找出你的身體動作規律，然後引導你找到身體的最佳「用法」，幫助你的全身調整到能自然移動的狀態，也就是大家小時候都曾體會過，無拘無束移動的感覺。課堂上會教你回歸基礎訓練：學習如何站、如何走路、如何坐下、如何躺下，而且都是運用身體直覺上的簡單動作，不管後天養成哪些習慣。你會發現，找回天生的無拘無束感，以及優雅的脊椎體態之後，你會變得很放鬆，很自在，人生就會進入鎮定新境界。

我的個人經驗和汀柏根差不多，覺得亞歷山大技巧確實帶來徹底改變。這套方法一向是我人生中讓自己變得更鎮定、更集中的關鍵。

皮拉提斯

皮拉提斯的創始人是約瑟夫．皮拉提斯（Joseph Pilates），這套方法曾經廣泛運用在舞蹈圈，如今也躋身主流，愈來愈受歡迎，功用是讓呼吸和身體變得開闊，借助地心引力幫助身體騰出呼吸空間。這是探討如何讓呼吸、聲音與走動變得更有力量，且更加自在的好方法。皮拉提斯的練習都很簡單，有挑戰性，而且夠「深」，值得一輩子花心力深入挖掘。皮拉提斯有三種，最純正的叫做古典皮拉提斯，練的是皮拉提斯當年創造的練習。你會用到他設計的器材——核心床（reformer）、椅子、鞦韆床（cadillac）……等等，因為多了額外的重量訓練，這些器材能夠讓你更深入了解皮拉提斯練習。就身、心、呼吸層面而言，皮拉提斯是讓背部更直挺的利器。除了古典皮拉提斯，還有許多不錯形式的皮拉提斯，也值得做做看，如果附近沒有人在教古典皮拉提斯，就去找有舞蹈背景，而且專攻利用深層核心肌群運動擴展呼吸的皮拉提斯老師。務必了解一下老師的訓練背景，對方一定至少要受過一年的適當訓練，而且最好曾經接受過舞蹈或表演方面的肌肉訓練。

瑜伽

市面上有許多程度不一的瑜伽課程。如果你剛入門，就選入門課程，或是選和不同程度學生一起上的課程。主動提醒老師自己是入門學生，也要告知身體是否曾經受傷，老師就會帶著你做一套瑜伽姿勢，舒展全身與呼吸。瑜伽這個字的意思是「軛」（按：一種用木製造的梁，方便兩頭牛拉貨物），目的就在掌握心、身與呼吸三者。

瑜伽有很多種，通常建議從哈達瑜伽（hatha yoga）開始學起，因為課程該教的都會教。至於八肢瑜伽（ashtanga yoga）、活力瑜伽（dynamic yoga）及強力瑜伽（power yoga）多半是速成課程，如果你很有運動細胞，很快就會上手，但並不適合所有人，尤其是瑜伽初學者。艾楊格瑜伽（Iyengar yoga）對我超級有幫助，因為可以讓我學到攸關聲音的細部姿勢。陰瑜伽（Yin yoga）和修復瑜伽（restorative yoga）則對深層伸展及放鬆很有幫助，且有助於聲音和呼吸。市面上也有吟唱教學的課程——如果你喜歡吟唱的話，這也是讓聲音宏亮的一種好方法。

提問時間

問：一整天坐在桌前，覺得聲音好單調。該怎麼辦？

答：可以用三種快速練習方法讓聲音變得有活力。

1. 全身動一動——找個安靜地方，左手連同手臂甩一甩，右手連同手臂甩一甩，然後左腳連同大腿動一動，右腳連同大腿動一動（怕重心不穩的話，可以抓住東西做）。
2. 拍一拍——讓血液循環。用手沿著左腿前側拍下去，然後從腿後拍上來，然後另一隻腳如法炮製。用手指輕彈頭頂，像雨滴般那樣。再來，如果可以出聲的話，拍拍胸脯，拉長音說「媽——」。然後拍拍肚子，說「媽——」。
3. 跳一跳——原地上下跳，一邊說「媽——」。一定要把聲音甩出來，讓全身上下感覺到聲音的蜂鳴感。如果你所在位置條件許可的話，甚至可以來點吟唱！

問：在桌子前坐了大半天下來，身體僵硬無比，讓我覺得要上台向觀眾演說好困難。該怎麼辦？

答：坐太久會使得呼吸閉塞，臀部緊繃，影響聲音展現，讓你無法鎮定，誘發「鬥或逃」反應（見第88頁）。在公開演說前先輕輕來點伸展操，暖暖身體，就能讓身體放鬆，減輕壓力。

1. 單腳站立，另一隻腳劃小圈圈——順時針和逆時針都要做。然後前後甩腿。（如果怕站不穩的話，請倚靠某個東西。）
2. 回歸站姿後，你會感覺到臀部和軀幹周邊肌肉更加放鬆，呼吸也會變得更開闊。
3. 換邊做。
4. 再來，雙腳站立，與臀同寬。抬頭挺胸，想像自己站在兩片玻璃之間。
5. 雙手合攏舉在頭頂。
6. 向左彎腰——想像自己被人抬起來，從頭到腳伸展身體側面。想像自己是風中的柏樹。
7. 換邊做。
8. 感受做完之後的呼吸，聲音是不是更鬆了？

問：這個新的姿勢我做起來很不自然，是什麼原因？

答：習慣是身體姿勢最初要面對的挑戰。試試看雙手抱胸，然後用另一種方法抱胸，是不是覺得怪怪的？人不習慣的東西一開始都會覺得不自然，但只要持續用另一種方法抱胸，就會開始覺得是新常態。這就是我們要打造的，一種新常態，這要靠練習。

小結：聲音重點回顧

- 姿勢對，聲音才會好，因為姿勢會創造出暢通的聲音渠道，讓你有自信，擁有悸動能量。
- 要多留意自己有沒有簡訊頸的問題，也就是頭向前傾。這會對你的聲音造成不良影響（讓聲音顯得不必要地緊繃，以及呼吸不順暢）。將耳朵位置移回肩膀正上方是改善簡訊頸問題的好方法。

● 演講前先動動身體，讓自己放鬆，這樣在台上走動會更順暢，說話也會比較自然。

● 維持良好姿勢、身體呈一直線，便能讓人產生自信，謹記「直挺背部及柔軟正面」的譬喻，好聲音的重點在於剛柔並濟。

● 皮拉提斯、亞歷山大技巧和瑜伽，都是讓肌肉記住這些原則的好方法。

第4章

勇於表達，與眾不同：如何在關鍵時刻不怯場

勇氣（courage）這個字和心有關係。這個字的字根 cor- 在拉丁文是心臟的意思。英文勇氣這個字最初的意思是「說出內心話，直言不諱」……就我看來，說內心話這件事可以稱得上是「平凡的勇氣」。

布芮妮．布朗（Brené Brown），《我已經夠好了》（*I Thought It Was Just Me*〔*But It Isn't*〕, 2007）

讓你表達的時刻來了。眼見別人對談出現空檔，或者你要走上講台，或是碰到別人問妳問題。這是讓你打破沉默的契機，也是你能貢獻新知、讓人增廣見聞的機會。你是打算滿懷歉意、口齒不清呢，還是想要勇於表達看法，吸引眾人目光？這些時刻都很重要，因為一旦你有自信表達自我，別人會記住你，你會與眾不同。一旦你說話帶著自主意識、同理心，加上一點膽量，你就會創造出理想的能見度——也就是在這分散人們注

意力的世界上擁有集中聲量。

表達能力的前提，仰賴於截至目前我們對馬斯洛需求層次理論當中的較低層次所立下的良好基礎。要有這些基礎，才能夠讓我們勇敢跨出那一大步，勇於表達，表現得與眾不同。而且要靠豁出去、拋開焦慮不安的那種自我信任，才能夠讓自己站在台上，人到，心也到，耳聽八方，而不會驚慌失措，憂心忡忡。

我的意思不是要你浮誇地大聲說話，那只不過會意味著你很緊張。我指的是要自我實現：也就是馬斯洛需求理論層級的最高層次。馬斯洛提到這種自信有幾個特徵：獨立、率性、顯得自然的能力；自我挖苦的能力；能夠和他人有情感連結，以及將重心放在自我以外的目的。如果要讓自己變得有自信、真正自我實現，就必須拋棄掉那些要你追求完美、融入、坐下、嘴巴閉上的老舊制約。對身為講者的你來說，自我實現是極有意思的領域：因為你會要能夠表達自我，與眾不同，讓改變成真。

本章我們會探討以下議題：

- 為什麼勇於表達、表現得與眾不同的秘訣在於貢獻自己，而不是和人競爭。

- 閒話家常式自信背後的藝術，以及為什麼這個藝術的重點在於傾聽。
- 為什麼不應該讓「完美」成為自信心的敵人，以及如何先修正，再表達，讓完美主義無從發作。
- 工作、休息、玩耍：「勇於表達、與眾不同」的三個階段。
- 如何真誠地說話。
- 練習聲音、掌握力量的方法。

為什麼是你？要貢獻，不要競爭

談到人，就是要談貢獻。貢獻不是為了要讓別人刮目相看，也不是為了下一份工作而做，而是為了貢獻某個事物。你的貢獻是不是比別人好，或者比別人差……我不在乎……因為貢獻沒有優劣之分。貢獻會讓大家開心。

指揮家班傑明．詹德（Benjamin Zander）[1]

大人雖然不需經過別人許可才能說話，但也要懂得判斷，不要當大聲公，霸佔整個會場，惹人生氣。但也不要當沉默鬼躲在角落，缺乏開口的勇氣。你要當個貢獻者，放鬆姿態、集中精神、全心投入，掌握開口時機，以及開口後要如何表達。知道什麼時候該閉上嘴巴也一樣重要。試著去當那種一開口就吸引全場注意的人，那種會讓話題不斷接下去的人，而不是去重複大家都知道的事情。你要做好你自己：全神貫注、保持心情鎮定，而且集中精神。

但在有壓力的情況下，要做到這一點，似乎不是那麼容易。假設你有舞台，要如何才有勇氣踏上去，掌握所言，貫徹自己的信念？如果要在吵雜的會場表達看法，該如何插話，別人才會專心聽你說，而不會被他們忽視，或是變成各說各話？要如何才能夠讓人難忘、啟迪人心、展現說服力，而不是陷入極度不安？

大家對於表達自我的觀念其實都錯了，以為重點在於「請登場！」「快看我！」的那一刻；以為表達自我就是要讓人刮目相看。現代生活反而雪上加霜，讓心裡的完美主義瘋狂運轉，畢竟每一分每一秒都有可能會是特寫畫面，不是嗎？過度講求視覺的世界有個危險，在於會讓人有點「自拍不安」，總是在想拍出完美大頭貼、完成無瑕的簡報，以及呈現特定形象。這種世界讓人陷入競爭思維——誰得到最多「讚」，就是最受人喜愛、最完美的人。大家都覺得應該當個很酷炫、完美無瑕的專家。

但這種注重自拍的文化，這種討「讚」、討人喜歡的需求，其實會讓你的聲音毫無生氣，也無法讓你當個獨立、有自信的講者。反而會讓你的聲音繼續畏縮單調，因為你會自我審查，或者更糟，讓你的聲音變得震耳欲聾、自吹自擂，因為你巴不得要別人認可你。這兩種都無法讓你出類拔萃。觀眾只要發現講者聲音太小聲，或是耍臭屁，就什麼也聽不進去了。真正能夠讓觀眾聽進去的方式，是表現出鎮定、集中且有自主意識的自信——也就是自我實現的模樣。你，做好你自己，知道自己為什麼要說話，而且說話不需要經過別人同意。

表達自我的重點不在於要讓人刮目相看，而是要推展事物。你愛怎麼自我實現，別人管不著，但如果你的自我實現幫不了別人，充其量也只是在追求自我中心罷了。掌握自己聲音之後，就表達自己的看法，讓某件事變得更為美好，不然還有什麼意義呢？

想要勇於表達，出類拔萃，就不要和別人競爭，而是要作出貢獻。套句指揮家班傑明．詹德的話：「貢獻沒有優劣之分。」懂得何時能表達自我（以及何時應該保持沉默）

的人，都清楚自己在貢獻什麼，這是他們的一大特色。你一旦懂得回答「為什麼是你？」這個問題時，也就懂得要在什麼時機表達自我，該說些什麼。這個為什麼，會帶給你目的，也會帶出你在現場的個人價值。最重要的是，你的這個為什麼——也就是貢獻的理由——之所以重要，是因為你可以不用去和別人競爭，可以好好去聽別人說話。因為你的貢獻與眾不同，是互補的，不是要蓋過別人鋒芒。了解自己的「為什麼」之後，就能在與他人合奏之餘吹出獨特之音，而不需當獨奏者和別人競爭。

和別人在演講上競爭非常浪費精力，不只會讓你會當不了好講者，人只要競爭，腦中就會陷入評分大賽。誰比較強？我聽起來怎麼樣？人們因為競爭，所以不敢表達自我，也沒辦法變得自然、開放、有回應。你會發現，這種競爭狀態其實和敵人系統有關（見第105頁）。而那些讓你能夠放鬆、進入鎮定中心的練習（朋友系統，見第102頁），則會讓競爭本性較不容易發作，代表有進步。

有時候需要刻意去微調你的老習慣，如果今天要替大場合（或者小場合）做準備的話，應該從貢獻角度，而不是從競爭角度來準備素材及要談的內容較佳。

要怎麼知道自己是不是在和別人競爭？

- 你會執著於自己的想法，與外在世界疏離。
- 你會覺得腦中有聲音（戲劇表演老師薇奧拉．史普林〔Viola Spolin〕稱之為「你過往人生的『鬼魂之音』[2]），告訴自己「你辦不到」、「你丟人現眼」、「別人比你強」。
- 你會擔心別人的觀感，尤其是他們會不會喜歡你、認可你。
- 你想要得到別人認可，得不到就惴惴不安。
- 你會出現評斷成功或失敗的念頭，像是「簡直是災難」、「我是失敗者」。
- 你會發覺自己在和別人比較——別人都比較好、比較專業、比較有趣。你覺得格格不入。
- 你很難持續得到觀眾注意，也很難去同理他們。
- 你不敢說出自己的想法，擔心是錯的。或是會炫耀，想要別人對你刮目相看。

只要進到貢獻模式，馬上就能掌握自己聲音。這幾年來，我滿常去兒童音樂班，和其他幼童及前來陪伴的父母一起上課。音樂班設立的目的是要讓孩子喜歡音樂，但我發現很少大人會跟著一起唱歌。在這裡，你的歌聲好不好聽、完不完美，老實講沒有人會在乎，這個地方單純是用來啟發孩子的，然而大人們依舊不願意開金口。不由得讓人想問，孩子看了會做何感想？大人腦中總是住著一個編輯，會對著聲音指指點點，說「丟人現眼，安靜」，或者「你不會唱歌」。這些都可能是你在年輕時聽過的一些老掉牙的話，但既然都已經是大人了，何必再用這些話來折磨自己，你大可不去理會這個編輯。我在音樂班也清楚看到了這個情況：每當有孩子生日，要大家唱「生日快樂歌」時，大家都會開口唱——因為這一刻重點不是自己。只要去想，我是來貢獻的，你就能放開自我，盡情表達。

你並不孤單

說給誰聽、替誰說話，這兩點在關鍵場合非常重要。你不是單槍匹馬，而是有一整群人在背後，即便他們不在現場。這群人可以是一個團隊、一個組織，或者一個使命，在演講時要抱持著對我們做出貢獻，而不是對自己做出貢獻的想法，不要只從單一面向看自己的憂慮，從宏觀角度來看，而非陷入內心的小劇場。只要想著去做比自己更宏大的貢獻，自己最棒的那一面就會立刻顯現出來。

一旦專注於貢獻、不再和別人競爭得緊張兮兮時，你就會發現先前所有憂慮簡直是浪費時間。最嚴厲評斷你的人，從來不是別人，而是你自己。事實上，大多數人只會想自己，所以如果你對於說話瑕疵、焦慮緊張，以及比不比得上別人這些事情吹毛求疵，只不過是在浪費精力罷了，拿這些精力去研究如何讓自己在當下做出貢獻，還比較有效益。有自信的講者不會在意觀眾給他們什麼，而會在意自己能給觀眾什麼。你會發現，當你專心貢獻，而不是專心競爭時，你就能夠盡情體驗，而不會投鼠忌器。

人難免會遲疑不決、緊張。我敢開口嗎？大家會接納我嗎？別人會對我指指點點嗎？我夠好嗎？貢獻的心會消除這些疑慮，允許你說話，邀請自己上台，而不用等待別人認可，從焦慮的魔掌逃脫出來，可真是讓人感到清新。

把心思放在貢獻上，這一切會更加有趣：

- 你感覺到「可以做自己」。
- 你有對等的感覺——會是以受到尊敬、平起平坐的身分蒞臨會場，別人在你眼中是同儕，而非高不可攀。

- 和別人在一起能很放鬆，能有情感連結，樂見對方成功，因為你是為自己的目標努力，不是和對方競爭。
- 你能看清大局。你會知道自己的「為什麼」——也就是你所帶來的具體貢獻。
- 你的人在現場，心也在現場——而不是只活在自己內心世界。
- 你會覺得有趣——時間過得飛快。
- 你的內心不會，或者很少冒出對話——表示大腦很安靜。

試試看：做出貢獻

截至目前為止，你所學的進入鎮定中心的方法（見第84頁），都能教你如何有自信地做出貢獻。對於講者來說，重點價值應該放在「我能幫什麼忙?」，而不是「怎樣才能贏?」，因為前者才是講者創造力、同情心及能量的來源。一旦你有創造力，有同情心，也有活力時，你在表達自我時便會很一致。

釐清下列問題，上台之後就會能量滿載，也會在關鍵時刻掌握自己聲音：

- 為什麼是你？為什麼這件事對你很重要？重要性在哪？你在乎什麼？
- 你的「為什麼」是什麼？你要替誰說話，為哪件事說話？花點時間找到你做這件事的使命，還有你的群體、團隊是誰。
- 你能貢獻什麼？你在這場會議、派對或活動中能夠貢獻什麼別人無法貢獻的事情？什麼狀況會讓你覺得對等？回想一下以前你是如何貢獻，結果帶來什麼改變。
- 到了現場，你的責任是什麼？哪些願景與經驗是在場者無法貢獻，唯獨你可以？哪些事是別人不會關注的？
- 如果你不把意見說出來，會有什麼後果？萬一你不發表意見，那些你代為發聲的人們會遭遇哪些可能的風險？在你的內心，要有很明確的後果影像畫面（見第122－124頁）。為了避免那種未來發生，所以要發表意見。
- 如果你把意見說出來，又會有什麼後果？那些你代為發聲的人，可能會因此得到哪些好處？在你的內心，要有很明確的影像畫面，知道這就是你想促成的改變——你得去直視它、傾聽它、感受它。然後朝那個未來努力。
- 你最想以什麼姿態登場？是自信？是有趣？還是權威？沉靜？輕盈？幽默？和藹？

還是綜合以上姿態？設法讓自己進入這些情緒。如果想讓觀眾感到興奮，你就得問問自己，為什麼這個主題會讓自己興奮？然後去討論這件事，使用「我對……感到很興奮」的句子，去設想談話時，每個段落想要讓觀眾有什麼樣的感受，開始在心裡做規劃，因為這會影響你說話的內容，以及表達方式。

閒話家常般的自信

相信大家一定有過這樣的經驗：聽著某個人的無聊簡報，突然間電腦出了問題。結果會發生什麼事，你有注意過嗎？簡報的人不會再用電腦簡報，講話也會正常起來。是不是讓人鬆了一口氣？他們不會再背對著你，只顧著對螢幕講話，聲音乏味，而是會看著你說話，像真正的人類。他們的眼睛發光，聲音很有精神，變得生氣盎然。

講者突然間變得自然隨興，可是會讓觀眾驚醒。原本枯燥乏味、了無新意的內容，變得更加引人注意。我猜莎翁戲劇當年在演出時也是如此——台上出現狀況總是很合觀眾胃口。當代喜劇、戲劇、音樂劇也不例外，台上突然發生變化、演員說話被人打斷，或者發生糟糕的事情時，演員都得做出反應，於是在過程中，演員與觀眾之間的隔閡——第四面牆（the fourth wall）就被打破了，觀眾都喜歡這種和台上演員有情感連結的時刻，也難怪演員會說「不要和動物或小孩一起演戲」，因為這兩者不按牌理出牌，注意力都會被他們搶走。至於上台演講，用不著帶上私家收藏的奇珍異獸，還是可以藉由拿捏事前準備與隨興發揮的比例，努力變成更好的講者。就像爵士樂，只要準備充分，就算不斷重彈一段樂曲也能加入變奏，觀眾就會覺得你很有趣。

為什麼人在看到別人放鬆、閒話家常時，會突然集中注意力？因為對方看起來很有自信、相信自己能夠隨興發揮，而不會顯得過度預演。我們喜歡聽到他們的語氣、節奏和共鳴，即便面對壓力，仍然和平常聊天一樣。這會產生信任，而衡量信任是人的本能。當你的語氣自在、閒話家常，也就是你腦中所想的，和口中所說的相互和諧時，觀眾就會放鬆聽你講話。表示你的內在世界和外在世界很一致。

如果你的內在世界明明說東，外在世界卻說西，讓觀眾參透不了你，他們就會開始不自在。如果你說話含糊、喃喃自語，或者用字遣詞斟酌再三、刻意自制，觀眾會納悶你到底在藏什麼，為什麼不說出來，於是就不再聽你說話，也不想去搞懂你了，起碼會不自覺這麼做。聲音太大、太咄咄逼人、缺乏信任感，反而會讓人覺得講者腎上腺素飆高、自私自利、缺乏同理心，無法和別人產生情感連結。反觀聲音太小、聽起來充滿不確定性時，也會讓人覺得講者沒自信、不會在重要時刻捍衛自己立場。但如果你是閒話家常般的態度、有自信，而且保持一致，觀眾都會專心聽你說話。

保持閒話家常般的自信，可謂空前重要。上一代的公開演說——在斜面講台前朗讀講稿、頂著蓬鬆髮型，站在巨大舞台上——就算演講時戴上精美面具，也不會有人有意見。但到了這一世代，這種精雕細琢的說話方式，再也引起不了大家的興趣。在隨時都有新鮮事、隨時都可以用手機記錄影像的情況下，大家想看到的，反而是做好準備的隨興發揮，而不想看到預設的完美畫面、預設的模樣或聽到那些精選佳句。TED和YouTube這類平台改變了大家對講者的期望，希望可以看到講者輕鬆閒聊，卻又得用字精準，胸有成足。

閒聊的特色就是自在。你必須讓台上的自己變成是和朋友相聚時的自己。這需要靠紀律，因為在大庭廣眾面前想要自在，就必須用心，例如想自在表現高竿廚藝，也需要靠細心準備。大多數人會驚覺，想不到在有壓力情況下要表現得自然，還得下苦功，因為你不可能期待直接走到台上，一切就會很完美。你必須針對想說的內容做好準備，仔細規劃，才能夠在不太自然的情境下做到很自然的表現。你可以在做之前先看看別人怎麼做，所以去觀察你欣賞的講者吧，看看他們如何在觀眾面前保持一貫姿態且侃侃而談。你應該會發現到，他們都保有自我意識、鎮定、身體姿勢良好，而且很有自信地表達看法。

想一想，如何讓自己在重要時刻更加侃侃而談。你可以用影像化的方法，想像自己在觀眾面前演講——在最理想的螢幕畫面上，你看到什麼，聽到什麼？我都會在我覺得很緊張的演講或會議前先這麼做，刻意在內心拍一段小影片，看著自己站在觀眾面前微笑、享受、做自己，觀眾也有所回應。你愈是看出自己侃侃而談時會是什麼模樣，愈是看得出自己是否進入狀況，有無享受與觀眾同在的感覺，事前準備就愈容易達到這種程度。我會想像自己在觀眾面前非常投入，花幾秒鐘集中精神在個別觀眾身上，看到他們回應我，我也會無時無刻回應他們，像是精彩的聊天。厲害講者的行為重點，就是懂得傾聽以及保持投入。

想要說話，先學傾聽

想當個好講者，要先當個好的傾聽者。凡是看到某人說話有力量，卻又很放鬆，語氣多變，表示他始終有在傾聽。傾聽是語氣的燃料，如同空氣是你的聲音燃料。這就是為什麼人在讀稿時聲音會聽起來和聊天時的聲音完全不同，也是為什麼在問答時間講者會變得生氣勃勃的原因，因為他們必須開始聽別人說話，不去讀稿。

所以我要你開始去留意自己很投入、很樂於聊天時，會如何聽別人說話。和朋友輕鬆閒聊時，你的注意力會放在對方身上，不會去想接下來要說什麼，就是這樣才讓你的聲音有朝氣，因為你是在回應當下事件，將這種特質帶到台上會很有威力。雖然一千個人瞪著你時，情境似乎不大一樣，但傾聽的方法還是相同。（所以你心裡的架構就要很清楚，見第198－204頁。）好的講者會吸收現場能量，要觀眾發問，然後不斷用觀眾給他的反饋，讓想法接續下去。

你也可以利用傾聽朋友說話時的鎮定與專注力，去傾聽台下觀眾。大家以為演講就像是廣播，其實是誤解。有自信的講者總是運用聊天的方式在演講，就算台下坐著五千名觀眾也是如此。聊天不是光用聲音聊天，也可以用心靈和身體聊天。有自信的講者會觀察現場氛圍及觀眾情緒，來決定接下來要說什麼、怎麼說，而且會隨時用身體去傾聽觀眾，不是光用耳朵聽。傾聽觀眾不是只去注意他們說些什麼，也要注意他們的肢體動作，是不是全神貫注？那就繼續說下去。還是坐立不安？那就別再說了，換個方向，問問題吧。除了傾聽，還是傾聽，就會讓演講生動有朝氣。

四種傾聽層次

我喜歡奧圖・夏默（C. Otto Scharmer）在《U型理論精要》（*Theory U*）[3]一書提到的四種傾聽層次。我們在和別人聊天的時候，都會很自然地出現這四種傾聽層次，你在演講時可以刻意加以運用。

四種層次詳述如下：

層次一——下載已知的事情：在這個層次，要確認自己對觀眾的認識，不論是在事前，或是在活動進行當中。如果觀眾是財務背景人士，我可能會去確認當初自己的預設，沒錯，該走正式嚴肅路線。如果觀眾是創作人士，我就會確認，沒錯，這群人沒那麼嚴肅，我的風格可以走閒聊路線。

層次二——留意出乎意料的事：現場觀眾是不是有哪些地方令你出乎意料？也許是行為反應不在預料之中，可能是被問到沒準備會被問到的問題，或是回答出乎意料。如果你的世界觀因此受到挑戰，那很棒。心胸開闊一點（可以利用鎮定中心的事前準備〔見第104頁〕來輔助你），開放觀眾提問，享受這些意料之外，好好處理——你在現場會變得更加自然隨興。

層次三——同理心：換位思考一下，關注觀眾需要的東西。你愈是保持在鎮定中心，就愈能夠集中精神在觀眾身上，隨時按照對方需求微調自己。就像平常聊天，說完一件事，你會去觀察對方的反應。當然，站在觀眾面前演講和平常聊天不同之處，在於觀眾的回應你不見得聽得見。但你可以將他們視為一個整體，看看有什麼反應。說話時注意台下氣氛，究竟是很安靜地思考、很好奇、很厭煩，還是很緊張？有沒有被你啟發的感覺？還是需要休息？或是需要動一動、醒醒腦？問問自己，換作你是觀眾，你會有什麼感受。如果聽眾會因為你的反應而感到振奮的話，表示你很進入狀況，有去關注台下的氣氛，並且做出回應。要做到這樣，就必須先進入自己的鎮定中心，而且要能夠專心觀察觀眾的肢體語言。

層次四——創意／啟發式傾聽：你觀察後回應觀眾。身為講者，最有意思、也最有用處的地方就在這裡，夏默稱之為「啟發式傾聽」（generative listening），也就是具有觀察現場狀況的能力、能夠關注觀眾，既讓觀眾聽得進去你原本要說的事情，又能在他們需要的時候，給予客製化回應。這才是生動的演講，因為你不光是在說事先演練的台詞，而是會回應真實情況，內容非常豐富。既然創意多半是不同觀點下交會的火花，能與觀眾即興交流是很強大的事。

要在這四種層次之間切換，背後基礎在於你的鎮定中心和核心自信。緊張的時候，大家會卡在層次一和層次二。我如果發現自己不太能夠同理別人，或是注意到自己會打斷別人說話時，就知道自己卡在這個層次。這時我會要求自己，說話放慢，呼吸，然後等待。通常我就能夠進到同理心層次（層次三），並隨著深入回應現場狀況，變得更具啟發性（層次四）。此時，你和觀眾就像是在進行大型一對一聊天，說話之餘也會傾聽對方。你想說的內容已有所準備，而且受惠於鎮定中心，能夠好好發揮，這種感覺實在很棒，你會覺得很輕盈、侃侃而談、很自在。你觀察現場及回應現場的方式，也會完全像是和朋友在一塊時那樣。如果你可以對朋友閒話家常，面對台下一千個人也一定可以。這種方法能夠讓你自然地表達看法，你也會因為展現輕鬆自信，變得與眾不同。

不要一邊說話，一邊字斟句酌

人在演講時之所以無法像閒聊般自然，就是因為拿寫作那一套規則，用在說話。兩者完全不同，如果說話要有自信，必須明白這兩者的區別。說話攸關能量的流動：如液態般流動、有變化、生氣勃勃、不完美。寫作則是固定在紙上：完美、了結。大家在學校側重學習後者，被諄諄教誨所謂成功，就是寫作完美、考試題目要答對。所以才會將這套成功策略用在說話：要說得很好、要說得對，而且完美。不，這麼做其實是徒勞的。

我不得不提到，當年我和那些想轉成電視記者的平面記者共事時，發現到平面記者說話時，腦中總是試圖要寫作。起先我搞不懂，為什麼他們會覺得說話和在鏡頭前保持一貫姿態，竟會如此困難，後來發現原因出在他們會在腦中字斟句酌，將精神耗費在大腦，才會讓聲音顯得單調且如同機械，愈是緊張，愈想要字斟句酌，聲音就會愈單調。他們在話即將說出口的前一刻，都還是想修正。

由於追求完美，說話才會缺乏自信。這些平面記者受過多年訓練，能夠寫出完美文章、完美下標，以為演講也必須如此，但寫作和說話可謂天差地遠。寫作時，心裡面想的內容可以修正、刪改、剪下、貼上，但說話不行。我其實很同情他們，因為身為演員，我向來努力靠想法改變行為——但身體就是不聽話，壓力使得我的大腦想控制一切，但其實放手才是取得自信的正解。我愈來愈發現大家都有這種狀況，寫作時會利用剪下、貼上功能，將想說的內容四處移動，藉此細琢文筆。電子郵件都是在整齊、規規矩矩的小郵箱裡傳來傳去，我們會因此置外於自己要說的事，覺得掌控一切，但這種策略對自信說話並沒有用，只會讓你聽起來單調無聊。

字斟句酌、追求完美只會阻礙你勇於表達，因為你會擔心自己懂得不夠多，或是擔心別人懂得比你多。你會顧著傾聽內心言論管制員，話說到一半，就聽到他要你做修正——「你剛才不應該那樣說」。這會讓你不再相信自己的直覺，也無法對當下情境做出回應。

想要勇於表達、出類拔萃的話，就不要執著於完美。反正不可能完美。沒有人說話時每個句子都很完美（看一下最會講話的講者逐字稿就知道）。話一出口，駟馬難追。說話這件事是即席的，字斟句酌、修正話語只會讓你顯得遲疑不決，無法令人留下印象。你要做的是做好準備、進入狀況、相信直覺，並且堅持自己的選擇。

工作、休息、玩樂：勇於表達、出類拔萃的三個階段

要如何判斷一個講者是不是真的有自信？回想一下你欣賞的講者，我可以肯定地說，他們站到再大的舞台上，都能夠言簡意賅，侃侃而談，不會對著觀眾說話，而是會和他們聊天。台上台下有來有往，眼神接觸，用一種閒聊方式產生情感連結。

如何在有壓力的情況下，還能做到這一點？透過三個階段：工作、休息，以及玩樂（聽起來似曾相似，好像是好久以前的廣告台詞）。

厲害的講者會先創造很棒的內容，然後工作，細琢並修訂內容，確保自己清楚自己要說什麼。接著，會在演講前休息，讓要講的內容沉澱。屆時上台面對觀眾時就能放鬆，

	工作	休息	玩樂
時機	演講前（盡量在事前一週）	演講前一晚，或是演講當天早上	演講當下
要做的事	●準備 ●演練 ●努力放鬆	●沉澱思緒 ●放空（見第118頁） ●什麼事都不做 ●放下電子產品	●保持玩心 ●放鬆 ●表情豐富 ●侃侃而談 ●享受當下

享受當下，知道該準備的都準備了，現在就專心和觀眾互動連結。他們的話都說得非常清楚，可以和觀眾一起玩樂，發揮幽默。

由於智慧型手機造成影音、播客的盛行，如今大家偏好細琢精簡且輕鬆的演講風格。想要擁有這種侃侃而談的自信，就必須懂得對內容下功夫，才能夠在觀眾面前放鬆且自在地侃侃而談。太緊繃的話，腦中思緒會混亂不堪；太放鬆的話，講話則會太鬆散、缺乏結構，使觀眾得不到有用的內容。

侃侃而談的自信有助於平衡工作與玩樂。乍看之下，講者站在台上很自然隨興，但那種自在與玩心，是因為他們心裡有譜，一旦清楚自己該怎麼說，要說什麼，就能顯得自然。務必事前下苦功準備，不要將你要說的內容交給命運決定。

該做的做好

來看一下上面說的工作是什麼意思。不論你有五分鐘或幾個月時間，過程一律相同，就是要創造內容、安排架構，並且事先演練。方法如下：

內化成自己的東西

原創性（形容詞）——某個事物的源頭或來源；由此出現、進行下去或衍生的事物。

獨特物／者（名詞）——擁有單一或獨有特色的東西；與眾不同的人，討喜且有意思：具有耳目一新的動能或創造性。

這個年代，大家很重視真實性，不再像以前的人能夠接受講者戴著精美面具照本宣科。現在大家要看到真實的你。但這並不好拿捏，因為真實可能會真實過了頭——大家可不想看到你發飆的模樣、缺乏咖啡提神的萎靡神情，或是感覺需要休假的樣子。大家想看到的是你的巔峰狀態，同時想一窺背後的驅動力。相較於真實性，我比較喜歡原創性一詞，也就是除了你之外，別人說不了你想說的，因為你想說的內容源自自身特殊經驗。原創性會讓觀眾覺得你說的內容別處不常聽到，而且有價值，因為只有你才能說出這些東西。這表示你能夠不斷產生新想法，不是為說而說，因為你有可以貢獻之處。在這個大家吸取別人想法遠勝過提出原創想法的世界，你會變得與眾不同。對於講者來說，原創想法才是讓人有自信表達自我，而且能夠出眾的火花。

有個很簡單的方法可以讓你自信說話：那就是創造屬於自己，且會令你感到自豪的內容。說話有自信和發聲是一樣的道理，都必須是發自內心。

如果你感受過台上講者講著不屬於自己內容的那種痛苦感覺，就知道原創性為何如此重要：比方說，講者講的內容不是自己寫的，或是講者太欣賞別人的內容，乾脆照單全收。這很空洞，因為內容不是他的親身經歷，聽起來很古怪，彷彿不是他在說話，像是在說腹語，嘴巴雖然會說話，但卻不是講者自己的話。有點像是單人脫口秀演員講著別的角色的台詞，有趣歸有趣，但如果表現不出世界富含生命的樣貌或是經驗，是得不到共鳴的。就像歌曲，雖然可以翻唱——這多半也會被視為是一種成功——但因為翻唱的人沒有經歷過原創作人所經歷的，翻唱終究只會是翻唱。只有你能夠讓自己的內容賦予生命，因為內容來自你本人。當然，這也表示如果有人請你呈現他們的內容時，你得要（優雅地）想辦法修改內容，將它客製化成自己的。

既然原創性如此重要，該如何有節制，卻不失表現力地將腦中的雜亂思緒傳達出去呢？對大多數人而言，這是個大問題，你必須給自己愛追求完美、字斟句酌的腦袋一點時間，讓它有條理一點，才會產生安全感。有了安全感，才能夠豁出去，盡情表現自我，好好享受當下。

譜出思緒的架構

你的腦袋不缺想法，只是要想一下如何表達。以下是演講老師KC・貝克（KC Baker）提供的極佳架構，可以用來統整思緒。[4]她是架構故事的大師，能夠讓人覺得自己可以做出獨特貢獻。

第一步：為什麼

釐清為什麼——也就是你要說的內容的核心。確認自己真正想說什麼，找個放鬆又點子泉湧的時刻，試著回答下列問題：

- 你的目的是什麼？
- 你要怎麼做，才對得起觀眾或這個會場？
- 你要說的事情為什麼重要？
- 你想傳達的訊息要幫助誰？
- 分享這些想法的動機是什麼？重要性在哪裡？
- 可以用哪些數據／問題／故事引起觀眾興趣？

第二步：我認為

宏觀來看，你想談的事情為什麼重要？你認為哪些重要事情是觀眾需要了解的？將你的看法寫下來，這是很棒的練習，能夠激發出你的熱情與嶄新思維，我非常建議將此當作邁向自信說話的基礎訓練。

照抄以下句子開頭五次（以上）：

我認為……
我認為……
我認為……
我認為……
我認為……

然後依序造句，填進你對正在關注的主題看法。收斂到你認為重要的事項，而且是來自自己的經驗，然後再進一步細琢，成為獨特貢獻。

第三步：我可以怎麼幫忙？

接下來的重點要放在傳達訊息的形式。身為講者，可以把觀眾想成是你服務的對象，你愈能在演講過程中幫助到他們，你和觀眾會愈樂在聽你（自己）演講。

要做到這一點，第一步是先去思考觀眾面臨什麼困難。想想以下問題：

觀眾最主要的難題是什麼？你有哪些過去經驗可以幫助他們克服難題？

假設要你站在台上，對台下面臨特定挑戰的觀眾說：「你可以考慮這麼做……」你會接著說什麼？

第四步：說故事

用心深入細節，不要只是泛泛而論——尤其是在說很棒的故事時更應如此，這才是重點。

可以去想一下有哪些重要故事可以生動展現觀眾所遇到的挑戰。可以是你的親身經歷，也可以是別人的。說些別人遇到挑戰，後來如何克服的故事，會很有幫助，觀眾可以從中學到很多。

你可以拿某一天看到某個研究或資料當作不錯的引子，再帶到故事，讓事實生動起來。在這個節骨眼，素材收集再多也沒關係，可以之後再做取捨。

第五步：醍醐灌頂的洞見

你對事情的觀點與看法，才是身為講者最讓人感到有意思之處。通常這會來自你的人生經驗、你個人對特定困難的洞見、事情如何改變你的理解，以及你克服困難的心得。這裡談的是貢獻，不是競爭。你有機會勇於表達、與眾不同，因為你有值得說的事情。

有了醍醐灌頂的洞見，站在台上就能好好發揮，等於是給了你說話的權利，而且是屬於自己的內容。

那麼，你有哪些重要及洞見，能夠改變自己對問題的思考及因應？你什麼時候得到這種洞見？最後的結果如何？

可以去想一想，你在人生哪些情境中學到應付困難的新方法，而且與這場演講內容要談的困難一模一樣。

接著深入其中一個情境，想想看如何生動地重現給觀眾？假設把這個情境拍成電影，你會希望自己怎麼做？有什麼領悟？有什麼不同？你有什麼不同的領會？

第六步：如何告知觀眾成功有哪些重要步驟

既然已經列出重點困難，也列出有助於觀眾克服困難的洞見，接著就可以分享自己的真知灼見，讓他們更加進步。你的談話內容會增添實際價值，也會啟發他們。

● 哪些事情是他們沒有看到的盲點，但你可以點出來？
● 他們在生活上可以如何運用你的真知灼見？
● 你的真知灼見對他們有什麼好處？
● 他們的人生、事業，或這個世界會因此有什麼改變？

盡量大方分享你的秘訣，聽眾才能夠改變自己人生。將你的方法濃縮成三組五個步驟，方便觀眾模仿。想像自己在教導朋友，將它歸納成這種句子形式：「你可以這麼做……」。如此一來，你想傳達的內容，就能夠去蕪存菁。

第七步：收尾有力

你可以試著這麼做：
● 回到原本那則挑戰故事，有始有終。
● 內心懷有新啟發，回到最一開始的引言，或是數據。
● 提醒觀眾那番改變人心的洞見。

- 講個讓人印象深刻的隱喻或一句話。
- 講個啟迪人心、又能總結主題的小故事。
- 向觀眾提問。
- 回到稍早你對觀眾提問的問題，並且回答問題。

第八步：引路指標

接著，回到自己的筆記，找出引路指標——這是建立架構不可或缺的重點。將引路指標寫在便利貼，引路指標可以單單是圖像，或者文字。以下要來探討如何利用這些便利貼創造出心智圖。

繪製心智圖

要能自信說話的基礎在於，必須拿捏好事前準備與即興發揮，以及拿捏好自制與表現力。一個人有自信的時候，可以針對同一首曲子不斷變奏。不過爵士樂手都知道，要達到這種境界，前提是曲子必須背得滾瓜爛熟。演講前先做好準備及演練，屆時就不會慌亂，能夠展現個人特色。你會像是完全自然不造作的講者，非常完美。

在這個階段，大多數人會草擬講稿或是做PPT簡報檔，但我希望你不要這樣做。講稿的問題在於，你會覺得自己在寫文章。你是很認真沒有錯，但照稿讀的話，演講難以變得生動，大部分的人會因為害怕漏讀句子，而變得緊張，視線低垂，聲音單調，缺乏高低起伏，使得聽眾昏昏欲睡，或者開始滑手機收信。

PPT簡報檔的問題則是在於，簡報用意不是給你看的，是要給觀眾看。如果你將整頁簡報塞滿講稿，或是把講稿塞進簡報下方的備忘欄，你在演講時就會不自主盯著螢幕，或是盯著電腦螢幕的備忘欄、看小抄，或是看手機。

請不要這麼做。盯著講稿或者螢幕的話，你就失去了和觀眾的連結。觀眾想聽你侃侃而談、有血有肉、做你自己。如果是看著手機講話或是讀小抄，講者說的話會很沒意思。鄭重呼籲你放下講稿，不要做簡報檔，而是要繪製心智圖，用一頁篇幅就能讓你的思路行雲流水。

心智圖是什麼？這是一種很棒、很簡單，而且有創意的工具（由已逝的東尼・博贊〔Tony Buzan〕所開發），光用一頁篇幅就能將你的想法圖像化。心智圖之所以有用，在於能協助我們形成架構與創意，這兩者是充滿自信、侃侃而談的要素。人的大腦喜歡在空間中發散並組織各種想法，而心智圖正好切中這一點，因為種種想法都是從某個中央點長出來，以順時針方向加以組織，讓你可以好好反覆思考並計算內容長度。大腦也愛顏色，所以可以在心智圖上將演講的各個段落標記成不同顏色，並且畫出重要圖像，幫助自己記住。

有了心智圖，就能夠鎮定沉著地帶領觀眾穿梭你的原創想法，不會被自己綁手綁腳，大腦傳送到嘴巴的思緒會很清楚，因為你已經用一頁篇幅清楚、繽紛且圖像化地呈現出想要說的內容。你會明白主要觀念、觀念之間的關聯及內容長度，走上台信手拈來皆文章。這實在比盯著自己手邊發抖邊握著講稿，抓狂地覺得無地自容好多了，也比起不曉得下一頁簡報畫面長什麼樣子，只好胡謅些毫無連貫的內容要好。一旦繪製出心智圖，增添繽紛色彩及視覺元素，你就會牢牢記住，一旦腦中浮現這些明確引路指標，你就能夠不依靠心智圖直接進行演講，這就是自信演講的終極重點。

先做心智圖

萬一非得要製作PPT或是寫講稿，請在這之前先製作心智圖。心智圖能夠讓想法有機生長，講稿只會框住想法，也限制你發展的可能性。

試試看：如何繪製心智圖

以下我會用教人如何掌握自己聲音的演講做為範例，示範如何繪製心智圖。

1. 拿一張紙和色筆，將紙橫放。
2. 用三種顏色在紙中央畫個圖像，代表你的主題（周圍要預留很多空白，接著才能夠畫地圖）。如果有需要的話，可以給圖像取個名稱。
3. 想一下演講要分成幾個段落（至少需要開頭，也要結尾），分別從中間圖像畫出一條又一條線，彷彿輪軸。每條線要用不同顏色，這樣腦海裡才能夠清楚區分各個段落。務必要順時鐘進行。

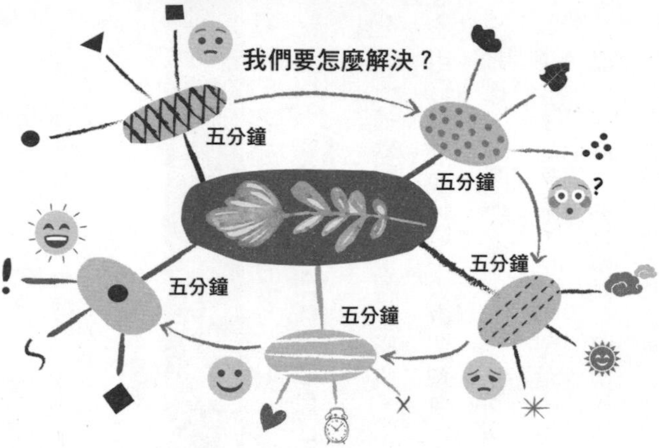

4. 每條線的末端放上圖像與名稱（字數愈少愈好）。這就是演講的引路指標。

5. 接著，從輪軸各條主線岔出去，替各個段落增添重點內容與圖像。一個段落放三個重點內容就足夠。保持簡單——用一個字或一個圖像來代表，用數字命名也可以。

6. 將各個主要段落連接起來——也就是從一個觀念帶到下一個觀念時你會說的話，像是：「既然問題來了，那該怎麼解決？」你可以畫出箭頭代表這些連結，加上一個字用來說明連結。

7. 替每個段落增添時間長度也很有幫助。比方說，你需要在三十分鐘內講完五個段落，表示每個段落的時間長度必須壓在五分鐘左右，其餘五分鐘則用來回答觀眾的提問或是因應意外插曲。

8. 最後，決定每個段落想給觀眾什麼感覺：興奮、好奇、憂慮，還是啟發……等等，接著寫在地圖上，或是用一張圖代表情緒（像一張笑臉圖就是一種簡單的提示），提醒自己在演講時要進入這些情緒。

演練

創造好內容之後，下一步就是說出這些內容，直到完全掌握。務必要演練。光是在腦中默想內容是不夠的，不能只是在腦中演練。在還沒有對自己大聲演練（最好是對著別人演練）之前，內容充其量只是一篇文章。說話是要動到身體的，需要讓肌肉產生記憶，也就是要靠演練，這樣在觀眾面前才能夠機靈反應、樂在其中，而不會字斟句酌。想想看，你以前學過哪些需要動到身體的事情，像是開車，或是跳舞，不也都是經過演練、練習、反覆演練才能做到。養成新習慣，讓肌肉產生記憶，到時候反應就會很機靈。

不演練的代價就是強迫觀眾眼睜睜看著你演練。在觀眾面前暖身是演藝人員的大忌。前幾分鐘最重要，會決定觀眾對你這個講者的印象。要別人在前五分鐘看著台上講者慢慢進入狀況，實在太煎熬。務必好好掌握。請事先在行事曆上替會議或演講預留一段神聖不可侵犯的時間，專門用來思考、準備及演練（見第118頁談到的放空）。對著觀眾演講之前，如果有先大聲演練過內容，你會感到鎮定許多、準備得更加齊全，神經系統也會因為腦中已有備份硬碟，更有安全感（見第112－117頁）。演練並非想像中那麼困難，就只是大聲說幾次你要說的內容，再對觀眾說。前幾次演練可以坐在沙發上做，可以在花園裡做。接著再對著攝影機或你信任的人演練個一、兩次，你會獲益良多。

必須一直練到自己掌握開頭、每個引路指標和結尾為止，好讓自己踏上這場溝通之旅，隨時清楚演講的重點在哪裡，利用這些重點來引導自己不會走偏，每次走過一個引路指標，就知道下一個指標在哪裡。這樣才叫做對內容有掌握，也才能表現出自在、侃侃而談的自信。大可不必一字不漏地背誦，因為如果有做足功課，自然就會有所體會。當你想傳達的訊息十分清楚時，你的表達就會很自在開闊，而且擁有自信去體會現場氛圍。這時，就是真正的出類拔萃。

休息：讓工作成果沉澱

基本上，掌握聲音及學習讓說話變得有自信，都算是創意過程的發揮。要給自己停機一下，創意才會源源不絕。當你畫好心智圖、也演練過幾次之後，「放空」就會很有幫助，讓腦中的編輯放下工作，休息一下。既然已經知道之後要如何進行，也明白自己要說的內容富含價值，那就讓內容隔夜沉澱一下，喘口氣，找點樂子，不該想的不要想，讓自己保持平靜的心情，讓下意識在背景運作，找到激發原創性的夢幻時刻。

試試看：向內心的編輯說聲感謝

萬一大腦就是安靜不下來，那就說聲「感謝」吧，你會發現小小的感謝舉動，就能讓它安靜。你的神經系統正試圖讓你擺脫當前狀態，原因已於第二章說明。神經系統認為你需要和這種狀態搏鬥、逃跑，或是躲起來，因此替你加油打氣，鼓勵你這麼做。而說聲感謝，則會讓腦中的編輯了解到該做的都已經做了，可以退場，讓你樂於面對觀眾，充分表現自我。

演講前一晚早點睡，讓身心好好休息。可以做些放鬆的事，讓身體享有良好的睡眠品質。第116到118頁的呼吸練習很實用，其中我特別喜歡「橫膈膜上負重」的練習（見第

62—64頁）。

去從事可以讓自己保持精力的事情：做瑜伽、跑跑步、靜坐，或者放鬆聽音樂，每個人不見得相同。但收信、查看訊息，或是去注意別人的事情（第94—95頁），絕對不可以做，必須保留這段時間給自己，好能夠沉澱工作成果，做好準備。

玩樂：從演講中找樂趣

學習讓自己說話時樂在其中、讓聲音變得有趣、有精神、有活力，這些都很重要。這樣你才會感覺到表達自我的那股自由，繼而與眾不同。

自信說話有點像是在車水馬龍的都市裡開車，膽子要大一點，否則哪裡也去不了。問題是大家因為生活經驗變得欠缺膽量，遭受過挫折、被人批評與指指點點，所以告訴自己最好還是別表達意見，當個小人物、保守一點，讓別人繼續認可我們，風險會小得多。過去這種方法也許管用，但這個年代大家看重的不是保守和小人物，而是崇尚大膽、愛玩、有自信、展現真實自我。當你成為全場焦點時，我希望你能夠做到這些要求。

樂趣能夠讓你投入當下，展現表現力，這時你就會與眾不同，開啟內心富有創造力的一面，能夠展現能量與個人魅力，進入狀況。你會放鬆、和觀眾產生情感連結，且敞開心胸。而嚴肅的觀眾也有嚴肅的樂趣，可以用你炯炯發光的眼神與有力的聲音表現出來。若要面對的是愉快的觀眾，就盡情發揮，樂在其中吧！

散播自己的觀點

你如果覺得有值得說的事情，會想讓大家知道。這時就需要懂得如何散播自己的觀點，可別讓好東西悶在心裡，或是吞吞吐吐。把它說出來，對著全場觀眾貢獻自己的能量與觀念。這就是以下我要談的內容。

這麼做當然要靠膽量，但很值回票價。能量有傳染力，當你在對的時刻拋給觀眾能量，這股能量會像是迴力鏢般回到你身上，接下去就容易許多了。但首先你得跨出那一步，相信自己做好了準備，然後奮力一搏。

先將場景拉到倫敦市中心圖書館的某個春天早晨，十五位才華洋溢的電影從業女性聚在一塊，想學習掌握自己聲音，好在專業領域上獲得他人共鳴。我們當時做的練習叫做「講者一隅」，大家在室內朝不同方向行進，彼此保持高度警覺，直到覺得該停的時候停下腳步，所有人這時也會跟著停下腳步，然後等待。準備好之後便開口說話，說出自己的名字（多半不太容易能用平緩速度對整個團體說）。他們要說：「我叫（名字），我在這裡。」此刻他們變得更受矚目，而每個人的反應都不太一樣。

大家在聲音上會出現很正常的反應——也就是緊張時刻、面對新狀況時會有的反應。有些人聲音很小，傳不太到房間另一側，或是無法引起大家注意。有些人則是語速很快，匆匆一下就結束。有些人的尾音還會上揚（見第223頁），聽起來像是滿懷歉意。

有幾種簡單方法可以調整聲音，讓它聽起來有精神，充滿活力，引起觀眾高度關注。以下是幾種簡單的說話方式，而且都是你還小、在摸索自己聲音時就已經知道的。當然，只能私底下自己練習，別在觀眾面前練！

試試看：嘴巴張大

聲音要宏亮，就要把嘴巴張大。記住，共鳴是聲音通過某個空間時震動放大的結果

（見第66頁）。喉頭上方空間是形成共鳴的主要骨腔，所以愈讓這個空間保持開闊，聲音會愈有共鳴。

1. 做誇張的表情——兩眼瞪大、嘴巴張大，身體來個大伸展，伸個大懶腰會很有幫助。
2. 接著，運用嘴內空間說話，你會發現聲音就此流洩出來。

幫助自己張開嘴巴

有些聲音老師認為一種叫「牙間墊」（bone prop）的產品對訓練張嘴很有用——這種網路上買得到的墊子，要用上下排牙齒咬著，形成練習說話的空間。也有人建議可以用牙齒咬著酒瓶軟木塞，不論用哪一種方法，能夠在上下排牙齒之間騰出空間說話就好。

讓音域甦醒

有些人的聲音可以爬到很自然的高音域，讓聽者覺得很悅耳。人聲和音樂其實密不可分，想想看如果你持續幾分鐘一直喊著某個人：聲音會先是興奮，再來困惑，接著生氣，最後憂慮。每次叫對方名字時，你的語調會跟著變，換言之，語調代表一種意義，麻煩在於，當人陷入「鬥或逃」機制時，聲音會卡在喉嚨，或者迷走神經張力陷入低迷（見第113頁）。最好是在向觀眾演講之前，先讓自己的聲音進入自然音域，變得有音樂感，就像演奏家在演奏前會事先暖身。如果可以先透過伴唱等方式，讓自己的聲音有高有低，而後在對觀眾演講時，不必刻意想它，聲音自然也會有高低起伏。

要讓音域無拘無束地發揮，其實就是要讓聲帶醒過來、做伸展操（見第47—50頁）。這種方法也有助於在演講前保持好心情。可以事先在家中或車上唱歌，重點在於喚醒聲音和身體。只要抓到比較自然、聽起來較有趣的音域，就能夠讓觀眾坐得住，有興趣繼續聽你說話。

- 可以放點喜歡的音樂，跟著唱，這是讓聲音變得宏亮有活力的好方法。
- 一種最簡單的掌握音域方法，就是把手舉到半空中，發出「mmm」或「嗯——」的高音，然後慢慢把音調降低，手也跟著降低。反覆做幾次手抬高和手放下，同時發出相對應的音調。
- 演講之前做點伸展全身的運動，相關建議請見第三章，挑選適合自己的練習方法，而且建議早上在家裡做。

內在聲音、外在聲音：如何成為全場焦點又能保持自在

何不運用自己的外在聲音？有時我覺得世上最成功的人，就是讓自己變得外向的內向者。

梅格・沃利澤，《女性的信念》（*The Female Persuasion, 2018*）

有自信的聲音，或者有表現力的聲音，都帶著一些膽量。所以我們應該學習如何投放聲音，這樣你對聲音的掌握就會很自在。你需要分辨自己的內在聲音和外在聲音。內在聲音很安靜、很親密、一對一；外在聲音很放鬆、共鳴宏亮，容易讓人成為全場矚目的焦點。能夠讓人聽見的，正是這種自在且力量集中的外在聲音，它就像是朝花園對面的老朋友開心打招呼說「嗨！」那樣，輕而易舉地吸引全場目光，迎接大家來到活動現場。這種聲音感覺像是有人大力抱住你。但有些人在重要時刻並不會運用外在聲音，因為不想變得太霸氣或者咄咄逼人。

我知道大家會覺得這麼做頗為困難。即使自己有值得說的內容，要在全場鬧哄哄的

時候打斷別人，還是令人怯步。大家說話這麼大聲，怎麼可能插得了話？或者，你試圖加入別人的話題，結果自己的聲音卻像老鼠吱吱叫，直接被其他人忽略，或是讓別人撿走你的想法，搶走你的功勞。如此種種，實在叫人氣餒，於是你就選擇當個旁觀者，默默發誓再也不要開口。但不參與聊天不代表不會有挫敗感，尤其是聽到別人說了你不認同的事情時。

假如大家都活在寬廣開闊的空間，聲音也就多半能夠寬廣宏亮。人的身體和聲音天生具有想對著一大片空間放聲大喊的肌肉記憶。人不是靠坐在辦公室、車上和電梯演化來的，光是想像自己身處在一片開闊空間、腳踏柔軟草地、望向寬廣的地平線，就能給聲音和身體語言發揮重大作用：你的聲音會變得宏亮、放鬆，很容易就能投放。反觀坐在小會議室，或是安靜的開放式辦公室裡，一整天下來你會發現聲音疲弱，引起不了大家的注意。如果你想表達你在意的事情，或者想和一大群人有情感連結，就必須改變說話習慣，不要只會用內在聲音，還要學會用外在聲音。

想要被人聽見，就必須專心致志。想想看開車，如果太過猶豫不決，沒有人會禮讓你，但如果開車充滿自信、也尊重別人的話，別人就會禮讓你。同樣道理，大膽一點、專心致志，大家就會給予你空間，因為你也給了自己空間。

試試看：控制內在音量

若想向觀眾完整表達自己的看法，就要掌握輔助肌肉，讓自己能夠控制內在音量。空氣從體內流到體外的過程中，會借助這些肌肉形成音量，這些肌肉就是第143—145頁談過的下半身姿勢肌肉。你可以透過以下練習，更加有效地運用肌肉。

要找到這個姿勢肌，有個非常簡單的方法，就是用雙手手心一起按壓橫膈膜位置，做瑜伽的祈禱式，或是一隻手的手心按壓在另一隻手手心上也行。你在按壓的過程中，有沒有感受到下半身的肌肉？現在，如果你說話，你會感覺到自己的聲音是靠這些底部肌肉撐起來的，這些深層輔助肌肉即是聲音的力量來源。

- 有個簡單方法可以讓你重新掌握這些控制音量的肌肉，就是有節制地發出「嘶——」的聲音，像是擠牙膏那樣，先從下半身開始擠聲音，接著用核心肌群，再來用腹部，最後用胸口肋骨。
- 你也可以用吸管和一杯水來嘗試。嘴巴含著吸管，對水吐氣，一邊哼出聲音。有沒有感覺到腹部、肋骨及支撐肺部的橫膈膜內側肌肉正在擠出空氣？這些肌肉就是用來投放聲音的力量來源。當你在擠壓下半身輔助肌肉的時候，會發現氣泡比較多（就像吹氣球）。這就是音量——因為氣壓就是音量。

- 再來，你可以運用這些肌肉輕鬆地讓自己變得有力。兩隻手臂平舉，舒服地伸個懶腰，感覺要從喉嚨發出大聲宏亮的「嘿——」，像是對家中另一個房間裡的朋友，或是草原對面的朋友打招呼那樣。嘴巴保持張開，繼續微笑，你會發現這樣做可以讓聲音更容易傳得遠。你的目標就是保持喉嚨開闊，放鬆微笑，交給下半身去運作即可。
- 如果要練習音量變化，就要靠肌肉擠壓或鬆展。發出反覆催機車油門的「VVVVVVVV」或「shSHshSHshSH」聲音，感受下半身肌肉一會兒擠縮，一會兒放鬆。記住，音量就是氣壓，氣擠出愈多，音量就愈大。透過下半身的輔助肌肉擠出更多氣壓，就能讓自己更加有力。一般而言，說話要靠下半身的輔助肌肉。

不費力地投放聲音

靠聲音引起全場關注並不如想像中困難。只要學會控制內在音量，投放聲音就會很簡單。

想想看投擲東西的動作。當你投出一顆球，全身上下都會動起來，你會有方向感，確認該往哪裡投，眼睛看著投球的對象，運用核心肌群，吸氣，接著在吐氣時把球投出去。投放聲音就像投球，要將自己的想法藉由身體力量送出去。於是聲音成為一種投擲器。

輕鬆投放聲音的秘訣，在於必須具體知道究竟要將聲音投放到哪裡——要投到最後面那面牆。演講開始時，先看一下最後一排觀眾，這會有所幫助，讓你的起點具備力量。在演講過程中，就算視線短暫轉移到其他位子上的觀眾，和他們交流，仍然要讓聲音不斷傳到最後面。養成對著最後方那面牆說話的習慣，將聲音送到那裡，聲音就會變得很有力。

試試看：收斂聲音

若想知道對著最遠方那面牆説話是什麼感覺，你可以做做看一個經典練習，那就是收斂自己的聲音。比起向外推出聲音，這種方法比較不辛苦，而且會讓你覺得沉穩有力。

練習幾次之後，務必記住說話要收斂聲音。

1. 找個安靜的空間，先站著做練習（之後再坐下來做）。
2. 想像有一條線延伸到最遠方的那堵牆，或是延伸到窗外的一個點，請以左手拉回這條線，一邊說「星期一」。說的時候，手臂要縮到腹部。
3. 接著，用右手拉回這條線，一邊說「星期二」。
4. 繼續兩手交換拉線，一邊說出一週的每一天。你會發現聲音變得更有力量。如果想讓音量更大，就將手伸遠一點拉線。

說話的方法

將肯定句改為疑問句總是比較容易，因為你最後還是可以改變心意，說自己只不過是在問問題，這樣就不用擔心說錯話很丟臉。

梅格．沃利澤，《女性的信念》（*The Female Persuasion*, 2018）

好，你有很棒的內容要和人分享了，知道分享的理由，知道分享的對象，也已經規劃好內容，但為什麼有時還是會掙扎於「如何分享」？原因出在說話方法有問題，導致內容和講者的重要性被忽略了。本節我們要探討幾種常見且會阻礙溝通的說話特性，使得你聽起來不太有自信。

尾音上揚

說話時尾音上揚聽起來就像是在問問題，這會讓你的聲音失去力量，感覺很不踏實，其他講者或同事聽到之後會擔心你，接著就打斷你，或者直接插話。人為什麼說話會尾音上揚？原本的用意是去讓人反思、取得別人的認同及共識，這是好事。假設你和對方都是處於摸索狀態，對方也不介意你這種不踏實感，那麼尾音就算上揚也無妨。或者是在注重情感連結勝過於展現權威的場合，尾音上揚也無所謂。但如果今天的場合是觀眾希望你說話踏實一點，那麼尾音上揚就會造成麻煩，等於是邀請別人插話，講他們愛講的，不用管你在說什麼。

你可以用一種心理上的方法讓尾音不再上揚，那就是記住：聽眾喜不喜歡你說的內容，一點也無所謂。尾音上揚多半表示講者正在尋求別人的認同／愛戴，但你可能不需要這種認同或者被愛戴。在同樣場合，不如改成注重如何得到別人的尊敬？當你走進會場，心裡清楚共同目標的時候，你就會發現，有這個目標，就不需要對觀眾滿懷歉意，或是要徵詢他們同意才能說話。你能掌握自己想說的，因為你是在替比自己更宏大的事情發聲。

（參考第225—226頁「試試看：牆上的磚塊」這項練習，改善尾音上揚情形。）

尾音氣虛又小聲

你是不是偶爾說話會愈說愈小聲？有幾種原因：其中一種原因是，你在思考下一句要說什麼。另一種原因則是，你想從別人身上討取安心感，肯定自己的想法夠好。此外，你沒有讓自己在每個想法之間保有呼吸餘裕（見第110—111頁）。從一個人的談話，可以發現許多秘密，對不對？通常呼吸會跟隨人的思考，如果思考不踏實，這種不踏實感就會透過你的氣和聲音顯現出來。當你每一句話結尾總是無精打采，觀眾不用多久也會感到不耐，解決方法就是堅定地表達完一個想法，再去想下一個想法。以下的練習方法對這種問題（及尾音上揚問題）很有幫助。說話時尾音愈有力，你會愈加堅定，也愈加不會尾音上揚或是尾音氣虛。好好運用在每句話上，你就會變得有信心。

試試看：牆上的磚塊

這項練習真的能夠讓精神從頭到尾貫穿你，而且還能在每句話的結尾添加力道。訣竅在於要穩住每個字，尤其是一句話裡有重點意義的字，和這句話的最後一個字，這樣你的思緒就不會飄走，話也不會聽起來不踏實。你可以想像是新聞主播，每句話說到最後都會語氣下沉，並在最後一個字增強語氣——「以下是本節新聞」——如此便不會因為不踏實的感覺而語氣上揚，或是力衰氣虛。

1. 想像自己從地上拾起一塊磚塊（沒錯，請這樣做）。在說一星期的每一天的時候，說到「星期一」時，請放下磚塊。你會發現聲音尾音變得無力氣虛。
2. 再說一次一星期的每一天，但這次說到「星期一」時，請將磚塊往上拋，你會發現語氣往上揚。

3. 接著，拿起磚塊，想像眼前有一面牆，上面有個磚塊形狀的洞。這時再說一次一星期的每一天，說到「星期天」時，請將磚塊小心放進洞裡。你會發現自己在認真發音，變得更有膽量、更有自信，也更具影響力。

4. 每次說話時請回想這項練習，將磚塊放進牆上，保持每一句話的力氣直到結尾。你可以注意到，當你用這種方法給字騰出空間時，大家聽你說話的模樣會變得不太一樣。因此，請給每個字需要的情感連結與空間。

附帶一提：講稿

之前已經說過，我不建議你演講時使用講稿。但如果真的需要，務必記住一個規則，那就是「每句話結尾時，眼睛不要盯著講稿看」。如果眼睛盯著講稿，你的聲調和能量就會下滑。

去除修飾語和「嗯」

修飾語是語言的一種調味，從其名稱可以看出，功用在於修飾我們的意思及弱化想表達的訊息。不要說「試圖」；不要說「我只是、抱歉、不對」；也不要說「可能」。嚴禁使用修飾語，不要讓它出現在你的語言當中。另外也要去除「嗯」。

如果你發覺自己很愛用修飾語，也喜歡說「嗯」的話，請在下次會議時找人幫你數一下自己一共說了多少次。只要多加留意這件事，你會神奇地發現能夠迅速去除這些字眼。每句話的結尾請將一塊磚塊放進牆上（見第225頁），萬一覺得快要說出修飾語或「嗯」的時候，就閉上嘴巴。一般來說，停頓總是比較好。

好好說，不用趕

演講的時候，觀眾情緒與能量都操之在你手中。說話太趕會讓他們聽得有壓力，最好是一次傳達一個觀念，讓他們有時間思考，不要逼他們囫圇吞棗。

不要趕，不要按照腦中的步調說話，而是要按照觀眾的步調。彷彿你也是第一次思考這些觀念，和觀眾一同思考，確認有值得他們傾聽的內容，再完整有力地說出來。做到這一點的最好方式，就是樂於用清晰有力的語言表達。如果說話時完整運用發音器官

（見第71頁），也充分運用肌肉，就不容易說得太趕，一字一句都會具有份量，觀眾會注意聽你說話。尤其在這個時代，有更多機會要跨國連線，或是要對一大群外國人士演講，使這件事變得更加重要。在這種場合中，聲音務必要保持清晰。

說話時最理想的，是有所節制卻又有力量的能量。大家都誤以為說話快，表示有活力，但其實這只像是空轉的單車輪子，哪兒也去不了。單車好手的經驗告訴我們，我們要的是力量，但力量只會在說話慢一點時才會出現，因為每個字會變得更有節奏、能量。

試試看：清晰、有力量的語言

聲音老師貝里開發出許多厲害的練習方法，可見她有多愛語言。[5]以下是其中幾種方法，你可以在演講之前練習，用一些字讓嘴巴動一動。

1. 挑幾個演講會用到的字，小聲說出來，感受嘴巴是如何形塑字的聲音，而且要做得誇張一點。

2. 只要發出字的子音，不要發出母音。做得誇張一點，讓嘴巴真正形塑這些音。
3. 接著用心只發出母音。
4. 最後，念出整個字的發音，你會發現聲音變得有模有樣，這就是有運用到肌肉的結果。

說話若有特殊腔調，有關係嗎？

就算你有特殊腔調，如果說話清楚、有用到肌肉、速度穩定，也有將磚頭塞進牆上，那麼大家都會聽得懂。只要盡量避免講方言或術語，這樣在大多數場合就算說話有腔調，也無所謂。

樂在勇於表達，表現得與眾不同

我希望「公開演講」一詞可以成為歷史，我痛恨它，因為它會令演講顯得無趣，會令人在腦海中出現講台畫面，一個人站在那裡吼叫，以及聯想到無聊的新聞播報。如今演講再也不是這麼一回事，而是單純說話，不過是有事先計畫的，內心平靜，聲音充滿自信，而且展現自然能量與熱情。只要按照這本書的建議去做，就會發現你可以做你自己，說話時變得很有吸引力，且充滿力量。這很有趣，一旦你樂在其中，觀眾也會樂在其中，散場時更會覺得深受啟發，準備採取行動。

我會這麼說，是因為我懂大家擔心公開演講的感覺。大家認為演講這件事很嚴肅、令人害怕，我可以告訴你，我本身是內向的人——也許是有點膽子的內向者吧——我最愛做的事，就是安安靜靜地配著海景，坐下來讀一本好書。所以要我勇於表達自我，表現得與眾不同，基本上跟要我下地獄沒有兩樣。但如今再也不會如此。我可以真心告訴你，我已經學會樂在演講。我在演講內容方面下功夫，關心自己的聲音，讓自己鎮定，找到能量，然後全心投入演出，專注在帶給觀眾有趣、有用的體驗。我發覺到，演說這件事可以很有趣。

你的聲音是你活著的表徵，你的聲音代表你整個人，所以當你將這些新技能養成新習慣後，就會發覺對提振自信心很有幫助，而且效力不限於演說。我最近體會到了這個道理。二十年前，我在就讀戲劇學校時，曾上過培養信任的經典課程，也就是站在牆上向後倒，仰賴同學張開手接住我。當時我痛恨這項訓練，總是很緊張、屏住呼吸，擔心他們會縮手。

二十年後，場景切換到倫敦某個讓人陶醉的戲劇製作場合，在沒有被事先告知的情況下，我又要站到牆上，朝一大群人倒下去，但我發覺這次的體驗完全不同。確實，我有感覺到敵人系統突然發作，因為它感覺到這是潛在威脅，但我放鬆呼吸，強化核心肌群，從腎上腺素找樂趣與刺激，相信別人。結果我後仰下墜，任由那二十個人張開手臂接住我，將我抬過人群，至今想起那種神奇感覺還是會很開心。我希望你在當講者的時候也有這種豁出去的感覺，做好準備之後就豁出去，觀眾會抓住你的。

提問時間

問：有什麼方法可以加強演說時的能量？

答：想在大型會議、活動、表演或甚至是在派對上勇於表達，展現與眾不同之處，你可以在事前播放音樂，跟著唱歌。

記得微笑。回想重大秘密或非常美好的回憶，讓這種感覺抵達雙眼及喉嚨後方，就算這樣做別人看不到，仍然有助於加強演說能量，讓你的聲音發光發熱，更有表現力，觀眾心情也會更好。

記住腳的大拇指力量（見第145—146頁「前腳能量」練習）。

問：要如何在會議上勇於發言？

答：首先要清楚自己可以貢獻什麼。如果你對自己的專業領域有信心，就更容易知道發言的時機。釐清你要替誰發聲也許會有幫助。你可以在內心先想好主題，等到對的時機再表達出來。

確認自己是基於正當理由發言，而且發言時要保持鎮定，否則敵人系統可能會讓你想炫耀或是插別人的話。確保自己的貢獻能讓事情有所進展。

時機對的時候，就全心投入，將聲音投放到最後方那面牆。說話要簡潔，表達得好就會讓你出眾，該被人們記住的，就會被記住。

如果被人插話打斷，或者有人不同意你的看法時，你可以運用一種技巧，叫做「沒錯，不過」，做法是：先說「謝謝（對方名字），沒錯，（正面引述對方的話），不過……（繼續說你要說的）」。

問：如何和一大群觀眾進行眼神接觸？

答：我喜歡一種叫做「蜜蜂」的技巧。想像觀眾是一座花園，將這座花園分成不同象限。將眼神接觸想成是隨機停在一朵花上的蜜蜂，隨機去給不同象限同等份量的眼神接觸。一次挑一朵想要進行眼神接觸的花。

問：我不喜歡電話會議，有什麼好建議嗎？

答：很多人討厭講電話，那種身心無法凝聚的感覺很奇怪，沒辦法讓人取得足夠回應，好了解自己的表現究竟如何。解決方法就是去想像電話另一端的對方長相。想像他的臉，想像他坐的位置，想像看見對方的笑容，也報以笑容，你的聲音就會更溫暖。停頓的久一點，不需要每次停頓都急著塞進東西。說話要清楚有力，站著說話會讓你更有自信，手勢則會帶給聲音能量。最重要的是，注意力要放在對方身上，不是自己身上：傾聽、傾聽、再傾聽。

問：演講該如何結束？

答：演講的最後幾句話必須強而有力。說完全部內容之後，就停頓一下，和觀眾產生情感連結，然後停頓，說「謝謝」。觀眾鼓掌時要站好，然後微笑。

小結：聲音重點回顧

- 當你知道為什麼要說話，就更容易勇於表達，表現得與眾不同。務必確認自己能做出貢獻的方式，確認完之後，就讓自己有自信地表達出來。
- 頂尖講者都具備閒話家常般的自信心，能用很放鬆自然的態度傳達事先準備好的精簡訊息。最重要的是，這種作法能夠讓講者懂得傾聽。請多練習四種傾聽層次。
- 工作、休息，然後玩樂。在內容上下功夫，練習到覺得舒適、肌肉產生記憶的程度。接著休息一下，讓觀念沉澱。知道自己準備好之後，就相信這整套過程，豁出去，讓自己樂在其中。

- 心智圖是一種有用的規劃工具，可以讓你展現自制與表現力，盡量多加利用。
- 大膽一點，運用自己的外在聲音。
- 改掉不利於溝通的說話習慣，像是：尾音上揚，愛用修飾語，或是說話太趕。
- 說話可以很好玩！

第5章

背部直挺，正面柔軟

何等的心靈與心胸，才能在混亂之中繼續堅強開放？

瓊安・哈利法克斯，《與臨終共在》（*Being with Dying*, 1997）

讓我們一起回顧至今這趟旅程，這趟旅程從馬斯洛的需求層次出發（見第31—33頁），目的是幫你掌握聲音、自信說話。在這個變動快速、容易讓人分神的世界，最重要的事莫過於學習相信並穩住自己聲音。我們已學會在體內深深扎根，讓聲音和自信得以綻放成長。

以下是目前探討過的需求層次所對應到的主要步驟，你可以用來複習，持續和自己的心靈、身體、聲音進行整合。

第一章：我們先從馬斯洛所說的生理需求出發，認識你的神奇樂器。我們探討聲音運作的方式，提高你的興趣與認知，讓你懂得照料自己的聲音，並透過良好的身體姿勢與放鬆的呼吸做為聲音的核心養分。當你放鬆地去注意自己的聲音，它就會變成願意幫忙的朋友，而非捉摸不定的陌生人。記住，聲音就是一種樂器，吸氣的時候自我啟發、好好思考，吐氣時再說話。具備這種認知之後，你會發現自己的聲音就是鎮定神經系統的最佳方法。

第二章：我們來到需求層次的第二層，也就是安全需求，所對應到的是找出鎮定中心。你已經學到了，演講不見得要有壓力，可以用減少喘氣、深呼吸的方式讓神經系統保持鎮定；也學到借助迷走神經、養成良好放空習慣，讓自己心裡意識到愛與歸屬感，也就是需求層次的第三層。一旦學會如何找到這種鎮定且帶有情感連結的中心，腎上腺素將會化為助力，而非阻力。當這些良好習慣變成肌肉記憶，面對再怎麼高壓的場合，你還是會有自信去應對，說話保持鎮靜。不論到哪裡，務必記住放空與吐氣的威力，能夠讓你平靜下來。想像自己在和「老朋友」談天，就是讓你能快速和觀眾產生情感連結的方法。

第三章：在這些深層基礎之上，我接著示範如何建立馬斯洛所說的自尊層次，讓你養成新習慣，透過身體提升核心自信心。談到放下執念是要讓你了解，身體是培養說話自信心的關鍵。記住，良好的身體姿勢對自信心非常重要，能夠讓橫膈膜自在活動，傳送力量與穩定性到自己的神經系統，別人也會感受得到。使用電子產品要節制，避免出現簡訊頸問題。提醒自己「耳朵要在肩膀正上方」，「背部直挺、正面柔軟」。

第四章：最後，身體與呼吸基礎完善之後，我們轉而探討最上層的需求層次，也就是自我實現，談如何在棘手情境下有自信地說話，目的要讓你勇於表達，表現得與眾不同。你愈是清楚自己為什麼要發言，愈是能展現出你可以為大家帶來貢獻，而不是要和別人競爭，你就愈能夠掌握自己聲音，說話也會更有自信。記住，當你用很清晰扼要的方式傳達所言，讓自己有餘裕可以去傾聽對方時，自然就會產生自信。還有，說話時膽子要放大一點──讓聲音傳向全世界。

從我進階到我們

為惡觀與為善觀之外有片草原，我們相逢於此。

蘇菲派神祕主義者暨詩人魯米（Rumi）

每次教完聲音課程或是合唱班下課後，我常注意到一件事：每當眾人聲音合而為一時，聲音會改變整個空間。你會感覺屋內充滿聲音共鳴，即便早就唱完，也是如此。當你發出聲音，聲音不會只停留在身邊，而是會穿越空間，震動空氣分子。運用有力的核心肌群呼吸，會發出宏亮、自在且自然的聲音，而且能夠遠播，並在屋內創造出聲音共鳴。

在這個大家似乎都很封閉的時代——關在自己的腦袋、關在電子產品、關在自己的小劇場／世界觀，以及關在獨立自我的建構觀——我喜歡聲音的原因在於，它真的能夠超越自我。聲音就是能量。當你說話，你就是在創造某個早就超越於你的東西。聲音是會傳播的，會連結人與人，搭起橋樑，而且超脫。讓你喉頭震動的空氣，進一步化為音波，讓聽你說話的人耳朵震動。空氣壓力會震動鼓膜，這股震動會使耳蝸內液體流動，繼而壓折毛細胞，不同毛細胞會對不同頻率與音量有所反應。人的耳道和喉頭共鳴的頻率是一樣的，它們在聲音這方面是夥伴關係——如同空氣震動讓聽者與講者兩種人連結在一起。聲音是人與人之間的能量橋梁，我們只要發出聲音，就早已跳脫自己，走進更宏大的領域。當我們共同一起發聲，就會創造出新的和聲。

你的自信和你所打下基礎，會讓你有所成長，達到馬斯洛所謂的「自我超越」境界（self-transcendence）。[1]（簡單來說，就是不會自以為是，而會接觸這個世界。）馬斯洛認為，人的自我實現及自我實現所帶來的自信，是一種讓人能夠踏進「超越」（transcendence）境界的轉換過程，或者一個門檻。在超越境界中，人和人會有所連結，在同一個社群，而且投入比自己更宏大的事物。[2]英文 transcendence 這個字來自拉丁文的 *transcendentum*，意思是超越、克服某件事。原先我們可以抬頭看看外面周遭世界，如今卻不斷向內關注自己，不斷低頭查看電子產品，很需要透過超越來重新平衡一下。一隻病毒能夠在二十四小時內傳到世界各地。一座亞馬遜森林能夠讓數千英里之外獲得甘霖，如果樹被砍伐殆盡，導致缺乏降雨，或者你呼吸的空氣遭受汙染，即使空有「自我」和「自我品牌」也毫無益處。我的存在，是建立在和我們有所連結——和所有人類仰賴的社群及生命體系有所連結。

聲音能夠帶給你實用、穩固且有活力的超越性。如同你所學到的，用最簡單的話來說，聲音就是在談背部要保持直挺，正面要保持柔軟。背部一旦直挺，從呼吸到脊椎乃至於聲音，就會展現出身心凝聚的自信，讓你相信自己、超越自己。你的柔軟正面會讓你在面對這個世界開闊起來，呼吸輕鬆，心智開明，能與人情感上有所連結，並且同理他人。你愈是放下焦慮感，就愈能傾聽他人；愈不緊張，呼吸和聲音就愈能開闊。當你和自己的聲音做好朋友——它可是小小的人類奇蹟——聲音就會同時讓你的身體穩定，還能夠和別人有所連結，包括你呼吸的空氣，以及別人的耳朵與腦袋。儘管我不是物理學家，倒是也透過聲音理解了理查．費曼（Richard Feynman）那句名言的意思：「我們不能說A是B所組成，反之亦然。所有物質都是一種互動關係。」

試試看：克服它

每當覺得自己和別人很難有連結，想知道如何表達自己看法，或是需要掌握自己聲音時，可以參考看看馬斯洛的建議（見先前說明），讓自己暫時超越當下狀態。

1. 感受這一刻的感覺。雙手手心交疊抵住橫膈膜，讓自己與身體產生連結。一邊按壓，一邊感受核心肌群湧現的力量，去體會核心肌群如何讓說話變得有力。
2. 現在，想像自己走進十年、二十年，或三十年後的未來。問問未來變得更有智慧的自己，會給目前的你哪些建議來幫助自己。這種回頭觀看的角度能夠讓你跳脫目前的感受，非常有幫助。
3. 接著，想像自己從一段距離以外觀看台下人們——這些人需要什麼？而且是沒看過，或沒聽過的？你看得出要有哪些不同作法嗎？或者，可以想像自己從完全不同的他人視角來思考，他們究竟會如何看待這一刻？

跳脫自己的世界觀將有助於克服腦中一直旋繞的挫折感。梅琳達．蓋茲（Melinda Gates）在《提升的時刻》（*The Moment of Lift*）一書中指出：「講話大聲和講話有力量是很不同的……為自由與尊嚴發出有力聲音的人，都曉得控制自己的痛苦……不會讓痛苦及於他人。誰能夠結合這兩者，就能掌握聲音。」[3]

最厲害的聲音，就是能夠超越自己，連結他人，傾聽對方；能夠讓我們找到和諧，而不用唱獨角戲，與他人競爭；能夠放下別人對自己的讒譏、撇開煩憂，去達成超乎想像的宏偉目標。

當大家的聲音結合在一起時，會發生不可思議的事情。聲音就像水：細緻、流動、集體，卻又磅礡有力。一九八七年，愛沙尼亞人民用歌唱引發一場革命，這場「歌唱革命」起於夏季白夜節，上千名參加塔林音樂節的民眾手牽手，唱起五十年來在蘇聯統治下不能唱的愛國禁歌。越來越多人參與歌唱及抗議活動，到了一九八八年的九月十一日，高達三十萬民眾——將近四分之一人口——齊聚透過歌聲，公開要求國家獨立（後來愛沙尼亞於一九九一年宣布獨立）。《紐約時報》（*The New York Times*）報導指出：「這就像是電影《北非諜影》（*Casablanca*）中那一幕法國客人當著德國人面前高歌〈馬賽進行曲〉那樣，但規模大上數千倍。」[4]

人在世界上只有短短數十載能夠表現自己活著的樣子，時間既然如此短暫，何不好好說話？哪些事情或者對象是你可以協助發聲的？你還在等什麼呢？作家暨民運人士艾德烈·洛爾德（Audre Lorde）在確診癌症後，用文字有力地表達她對這件事情的想法：

當我被迫去正視自己會死、去正視我短暫人生中最希望且最想要的事物時，一道無情的光將那些我最想做，卻沒有做的事情深深刻劃出來，其中最令我感到遺憾的，是我過去的緘默。當時我究竟在怕什麼？按照自己信念提出質疑或者發言，可能會帶來痛苦或死亡。但身為人，總是會因為各種原因受傷，而痛苦要麼會帶來改變，要麼會帶來了結。不過，死亡才是最終的緘默。如今這個緘默即將來臨，毫不在乎我是否已將該說的說出來，也不在乎我曾經背叛自我，寧願緘默，自忖改天再說，或想等著聽別人的意見。我漸漸領悟到：雖然不害怕是最理想的狀態，但學會正確看待恐懼這件事，能賦予自己強大力量。這番領會成為我內在力量的泉源。我即將要死去，這是遲早的事，有沒有表達自己意見都會死。我保持緘默並未能讓我倖免於死，你就算保持緘默，也逃不了這個結局。[5]

我想給你什麼建議呢？就是找到自己的曲子，好好唱出來！

注釋

前言

1. 阿普伽新生兒評分是用來評估新生兒健康狀態，名稱取自一九五二年創設方法的維吉妮雅・阿普伽（Virginia Apgar）醫生。依據五項標準進行評分，分別是：皮膚顏色、脈搏、表情反應、肌肉張力及呼吸狀況。
2. 這個故事是華勒斯二〇〇五年五月二十一日在肯楊學院畢業典禮演說時提到的，全文重刊於 *This is Water: Some Thoughts, Delivered on a Significant Occasion, about Living a Compassionate Life*（二〇〇九年由 Little Brown 出版）。
3. 出自 The Writer's Voice，Al Alvarez 著（二〇〇六年由 Bloomsbury 出版），頁一八。
4. 引自 Simone Stolzoff，「LinkdIn CEO Jeff Weiner says the biggest skills gap in the US

is not coding」，出自 *Quartz at Work*（二〇一八年十月十五日），https://qz.com/work/1423267/linkedin-ceo-jeffweiner-the-main-us-skills-gap-is-not-coding/，於二〇一九年十一月七日擷取。

5. Deirdre McCloskey 與 Arjo Klamer 合撰，「One Quarter of GDP is Persuasion」，出自 *American Economic Review*，第八十五卷，第二期（一九九五年），頁一九一至一九五。

6. Gerry Antioch 撰，「Persuasion is now 30 per cent of US GDP」，出自 Economic Roundup，第一期（二〇一三年），https://treasury.gov.au/publication/ economic-roundup-issue-1-2013/economic-roundup-issue-1-2013/ persuasion-is-now-30-per-cent-of-us-gdp，於二〇一九年十一月七日擷取。

7. Joseph S. Ney, Jr 著，*Soft Power: The Means To Success in World Politics*（二〇〇二年由 PublicAffairs 出版）。

第一章　你的神奇樂器

1. Caroline Goyder，TEDxBrixton，「The Surprising Secret to Speaking with Confidence」

[影片]，YouTube（二〇一四年十月錄製，十一月二十五日上傳），https://www.youtube.com/watch?v=a 2MR5XbJtXU，於二〇一九年十一月七日擷取。

2. Antonio Damasio 著，*The Feeling Of What Happens: Body and Emotion in the Making of Consciousness*（一九九九年由 Harcourt Brace 出版），頁三一。

3. 例如可參考：Lingua Health 撰，「Speech-Language Pathology: The Vocal Cords in Action」[影片]，YouTube（二〇一二年十二月五日上傳），https://www.youtube.com/watch?v=y2okeYVclQo，於二〇一九年十一月七日擷取。

4. Kristin Linklater 撰，「The Alchemy of Breathing」，收錄於 Jane Boston 與 Rena Cook 合編之 *Breath In Action: The Art of Breath in Vocal and Holistic Practice*（二〇〇九年由 Jessica Kingsley Publishers 出版），頁一〇五。

5. Jean Hall 著，*Breathe: Simple Breathing Techniques for a Calmer, Happier Life*（二〇一六年由 Quadrille 出版）。

6. Donna Farhi 著，*The Breathing Book*（一九九六年由 Henry Holt and Co. 出版）。

7. Pierre Philippot、Gaëtane Chapelle 與 Sylvie Blairy 合撰，「Respiratory Feedback in the Generation

of Emotion」，收錄於 *Cognition and Emotion*，第十六卷，第五期（二〇〇二年），頁六〇五至六二七。

8. S. M. Clift 與 G. Hancox 合撰，「The Perceived Benefits of Singing: Findings From Preliminary Surveys of a University College Choral Society」，收錄於 *Journal of the Royal Society for the Promotion of Health*，第一二一卷，第四期（二〇〇一年），頁二四八至二五六。法蘭克福大學研究人員發現，合唱團唱一個小時莫札特的《安魂曲》之後，血液檢驗結果顯示團員的免疫球蛋白（免疫系統的蛋白質，作用是抗體）與氫化可體松（抗壓賀爾蒙）濃度皆大幅增加。

9. P. S. Holzman 與 C. Rousey 合撰，「The Voice As a Percept」，收錄於 *Journal of Personality and Social Psychology*，第四卷，第一期（一九九六年），頁七九至八六。

第二章　找到鎮定中心

1. Linda Stone 撰，「Are You Breathing? Do You Have Email Apnea?」（二〇一四年十一月二十四日），https://lindastone.net/tag/screen-apnea，於二〇一九年十一月七日擷

取。

2. 同上

3. I-Mei Lin 與 Erik Peper 合撰，「Psychophysiological Patterns During Cell Phone Text Messaging: A Preliminary Study」，收錄於 *Applied Psychophysiology and Biofeedback*，第三十四卷，第一期（二〇〇九年），頁午三至五七。

4. Marshall McLuhan 著，*Understanding Media*（一九六四年由 Sphere 出版），頁五三。

5. John Betjeman 撰，「Slough」、「Tinned fruit, tinned meat, tinned milk, tinned beans, / Tinned minds, tinned breath.」，收錄於 *John Betjeman Collected Poems*（一九八九年由 Hodder & Stoughton 出版）。

6. Stephen W. Porges 著，*The Polyvagal Theory: Neurophysiological Foundations of Emotions, Attachment, Communication and Self-regulation*，（二〇一一年由 W. W. Norton and Company 出版）。

7-8 Bessel van der Kolk 著，*The Body Keeps the Score: Mind, Brain and Body in the Transformation of Trauma*（二〇一四年由 Penguin 出版）。

9. Bangalore G Kalyani, Ganesan Venkatasubramanian, Bangalore N Gandaghar 等人，「Neurohemodynamic correlates of 'OM' chanting」出自 *International Journal of Yoga* 2011。

10. Anne Lamott，TED2017，「12 Truths I Learned From Life and Writing」〔影片〕，Ted.com（二〇一七年四月），https://www.ted.com/ talks/anne_lamott_12_truths_i_learned_from_life_and_ writing?language=en，於二〇一九年十一月七日擷取。

11. Simon Annand 著，*The Half: Photographs of Actors Preparing for the Stage*（二〇〇八年由 Faber 出版）。

第三章　放下執念：運用全身展現說話自信

1. Katarzyna Pisanski、Anna Oleszkiewicz、Justyna Plachetka、Marzena Gmiterek 與 David Reby 合撰，「Voice Pitch Modulation in Human Mate Choice」，收錄於 Proceedings of the Royal Society B: Biological Sciences，第二八五卷，第一八九三期（二〇一八年十二月），頁一至八。

2. Joan Halifax 著，Being With Dying: Cultivating Compassion and Fearlessness in the

Presence of Death（二〇〇九年由 Shambhala Publications 出版）。
3. Helen Russell 著，The Atlas of Happiness（二〇一八年由 Two Roads 出版）。
4. Richard Llewellyn 著，How Green Was My Valley，引自 Frankie Armstrong 與 Jenny Pearson 合著，As Far as the Eye Can Sing（一九九二年由 Women's Press 出版）。
5. 同上
6. Bessel van der Kolk 著，The Body Keeps the Score: Mind, Brain and Body in the Transformation of Trauma（二〇一四年由 Penguin 出版）。
7. Cicely Berry 著，Your Voice and How to Use It（一九九〇年由 Virgin Books 出版）。
8. Pablo Brinol、Richard E. Petty 與 Benjamin Wagner 合撰，「Body Posture Effects on Self-evaluation: A Self-validation Approach」，收錄於 European Journal of Social Psychology，第三十九卷，第六期（二〇〇九年十月），頁一〇五三至一〇六四。
9. The Text Neck Institute，網址：https://www.text-neck.com/
10. Adalbert Kapandji 著，The Physiology of the Joints，第三卷。
11. S. Thomas Scott 撰，「The Effects of Tactile, Singer-initiated Head and Neck Alignment on

Postural, Acoustic, and Perceptual Measures of Male Singers」（口頭報告），University of Kansas Vocal/Choral Pedagogy Research Group（二〇一六年六月）。Scott 在這場座談會上報告男歌手的研究結果指出，男歌手的頭部如果姿勢保持正確筆直，而不是低頭的話，按照這些歌手的說法，都認為比較能夠輕鬆發聲，整體而言也會改善共鳴。

12. Jintae Han、Youngju Kim、Soojin Park 與 Yeonsung Choi 合撰，「Effects of Forward Head Posture on Forced Vital Capacity and Respiratory Muscles Activity」，收錄於 Journal of Physical Therapy Science，第二十八卷，第一期（二〇一六年一月），頁一二八至一三一。

13. Phil McAleer、Alexander Todorov 與 Pascal Belin 合撰，「How Do You Say "Hello"? Personality Impressions From Brief Novel Voices」，收錄於 PLOS ONE（二〇一四年三月十二日），網址：https://doi.org/10.1371/journal.pone.0090779

14. Joan Halifax 著，*Being With Dying: Cultivating Compassion and Fearlessness in the Presence of Death*（二〇〇九年由 Shambhala Publications 出版）。

15. V. Tibbetts 與 E. Peper 合撰，「Effects of Imagery and Position on Breathing Patterns」，收錄於 *Proceedings of the Twenty-seventh Annual Meeting of the Association for Applied Psychophysiology and*

Biofeedback（一九九六年由AAPB心理生理及生理回饋協會出版）。

16. Nikolaas Tinbergen 撰，「Ethology and Stress Diseases」，諾貝爾獲獎講座［影片］，一九七三年十二月十二日，網址：https://www.nobelprize.org/prizes/medicine/1973/tinbergen/lecture/，於二〇一九年十一月七日擷取。

17. 同上

第四章 勇於表達，與眾不同：如何在關鍵時刻不怯場

1. Ben Zander 撰，（取自在 Newcastle Sage Centre 的演說）

2. Viola Spolin 著，*Theater Games for the Lone Actor: A Handbook*（二〇〇一年由 Northwestern University 出版）。

3. C. Otto Scharmer 著，*Theory U: Leading from the Future as It Emerges*（二〇〇七年由 Society for Organizational Learning 出版）。

4. 網址：kcbaker.com，於二〇一九年十一月七日擷取。

5. Cicely Berry 著，*Your Voice and How To Use It*（二〇〇〇年由 Virgin 出版）。

第五章　背部直挺，正面柔軟

1. Abraham Maslow 著，*The Farther Reaches of Human Nature*（一九九四年由 Penguin 出版）。
2. 同上
3. Melinda Gates 著，*The Moment of Lift*（二〇一九年由 Bluebird 出版）。
4. Matt Zoller Seitz 撰，「Songs for a Brighter Tomorrow」，刊載於 New York Times（二〇〇七年十二月十四日），網址：https://www.nytimes.com/2007/12/14/ movies/14revo.html，於二〇一九年十一月七日擷取。
5. Audre Lorde 著，*Your Silence Will Not Protect You: Essays and Poems*（二〇一七年由 Silver Press 出版）。

參考書目

本書書寫過程中，承蒙嫻熟聲音與肢體運動巨擘的協助（部分著作詳列如後），我也曾經有幸在就讀中央演講與戲劇學院的聲音研究碩士班期間，研修其中多位巨擘開設的課程。

當初出版社希望我將本書書名從《放下執念》改為《找到你的聲音》時，我挺顧慮的，因為豪斯曼就曾經出版過一本拍案叫絕的書，叫做《找到你的聲音》（*Finding Your Voice*），對我這個學習聲音的晚輩而言，乃是重要參考書目之一，內容非常精彩，除了介紹專業演員的聲音世界之外，本書談到的基本課題也都有更深入的說明，極度推薦。

歡迎您順著好奇之心，繼續深入探索。只要不斷探索，走在聲音的這條路上，你會發現有源源不絕的寶藏出現。

Armstrong, Frankie 著，*As Far As the Eye Can Sing*（一九九二年由 The Women's Press 出

版）。

Berry, Cicely 著，*Voice and The Actor*（二〇〇〇年由 Virgin 出版）。

Berry, Cicely 著，*Your Voice and How To Use It*（二〇〇〇年由 Virgin 出版）。

Carey, David 與 Clark Carey, Rebecca 合著，*The Vocal Arts Workbook*（二〇〇八年由 Methuen Drama 出版）。

Groskop Viv 著，*How To Own The Room*（二〇一八年由 Bantam Press 出版）。

Houseman, Barbara 著，*Finding Your Voice*（二〇〇二年由 Nick Hern Books 出版）。

Karpf, Anne 著，*The Human Voice*（二〇〇七年由 Bloomsbury 出版）。

Linklater, Kristin 著，*Freeing the Natural Voice*（二〇〇六年由 Drama Publishers 出版）。

McCallion, Michael 著，*The Voice Book*（一九九八年由 Faber & Faber Ltd 重編出版）。

致謝

感謝以下人士：

中央演講與戲劇學院的老師，以及其他領域的老師——包括聲音、皮拉提斯、亞歷山大技巧等領域。我們的工作就是傳授學生需要的知識，這二十五年來多虧你們給我靈感，一點嚴苛的關愛，以及實用的回饋意見，讓我得以放下腦中執念，掌握聲音。當然，學無止境，讓我成天醉心於此。各位是技藝的大師。

委請我寫這本書的 Sam Jackson。您的持續支持與信念讓一切改觀。感謝您適時提出誠實意見，由衷感謝。

本書編輯過程中大力支持我、人很親切又很貼心的 Becky Alexander——你是關鍵中的關鍵。還有 Addy——感謝你把這本書推出去！

製作美麗插圖的 Viktorija Semjonova、在文案編輯上做出重要且尖銳貢獻的 Clare

Hubbard——極度感謝。

Johnny Geller、Catherine Cho、Alice Lutyens 及 Curtis Brown 經紀公司團隊——感謝各位鼎力支持！

本書曾經在不同階段有不同「接生者」的協助：Chloe Fox——感謝你的大力支持與聰明意見——對我意義重大；Caroline Donald 曾在開頭幾章提供協助；Amy Gadney 則是給我靈感，還有在這條偶爾感到孤單的路途上當我的旅伴！

Stephanie Busari、Denise Graveline（非常懷念你）、Chris Head 及 George McCallum，也就是胸脯抽屜概念的創造者！必須感謝你們，你們是我 TEDx 旅程上的關鍵人物，讓 TEDx 後來成為本書的基礎。

Debbie、Fatima、Gueddy、Sarah——感謝你們在我不在時耐心撐住大局！沒有你們的話，我不會有今天的成就。

感謝倫敦商業論壇（London Business Forum）的 Brendan、Amelia、Lucy 及 Katie 對這本書的信念，以及發揮你們厲害的才華。

感謝我的家人與朋友。唯有當寫完一本書時，才會發現寫作過程是如何讓人深陷無法自拔。去年的一切得在此向各位說聲抱歉，我即將恢復正常服務！

Neeve——希望你哪天也能寫一本書。繼續閱讀吧。

本書旨在教你如何從基礎打造你的聲音；教你如何扎根，讓根部支撐你自己。此外也談呼吸的空氣。如果你在乎我們呼吸的空氣，那就盡可能種植樹木，和我一同捐款給世界土地信託（World Land Trust），這個機構會在世界各地購買、修復並加以保護雨林。本世紀最重要的事情之一，莫過於確保種植更多樹木，而捐款給前述單位是最棒的方法。英國國寶級自然科學家大衛·艾登堡（David Attenborough）曾說：「我的看法是，捐款給世界土地信託，會比起其他我想得到的方法對野生世界有用得多。我認為世界土地信託在這方面是領先的佼佼者。」

「另一個世界不僅可能存在，更已經是在趕往這裡的路上。在靜謐的日子裡，我還能聽到它在呼吸。」

阿蘭達蒂·羅伊（Arundhati Roy）

國家圖書館出版品預行編目資料

找到你的聲音：國際頂尖教練教你在任何場合自信說話/卡羅琳.戈德（Caroline Goyder）作；謝孟達譯. -- 臺北市：商周出版, 城邦文化事業股份有限公司出版：英屬蓋曼群島商家庭傳媒股份有限公司城邦分公司發行, 2021.02
面；　公分
譯自：Find your voice : the secret to talking with confidence in any situation
ISBN　978-986-477-971-0（平裝）

1.說話藝術　2.溝通技巧　3.口才

192.32　　109020534

找到你的聲音：國際頂尖教練教你在任何場合自信說話

作　　者／卡羅琳・戈德（Caroline Goyder）
譯　　者／謝孟達
責任編輯／黃筠婷

版　　權／黃淑敏、劉鎔慈
行銷業務／林秀津、王瑜、周佑潔
總 編 輯／程鳳儀
總 經 理／彭之琬
事業群總經理／黃淑貞
發 行 人／何飛鵬

法律顧問／元禾法律事務所 王子文律師
出　　版／商周出版
台北市中山區民生東路二段141號4樓
電話：(02) 2500-7008 傳真：(02) 2500-7759
E-mail：bwp.service@cite.com.tw
Blog：http://bwp25007008.pixnet.net/blog
發　　行／英屬蓋曼群島商家庭傳媒股份有限公司城邦分公司
台北市中山區民生東路二段141號2樓
書虫客服服務專線：(02)2500-7718・(02)2500-7719
24小時傳真服務：(02)2500-1990・(02)2500-1991
服務時間：週一至週五09:30-12:00・13:30-17:00
郵撥帳號：19863813　戶名：書虫股份有限公司
讀者服務信箱E-mail：service@readingclub.com.tw
歡迎光臨城邦讀書花園　網址：www.cite.com.tw
香港發行所／城邦（香港）出版集團有限公司
香港灣仔駱克道193號東超商業中心1樓
Email：hkcite@biznetvigator.com
電話：(852)2508-6231　傳真：(852)2578-9337
馬新發行所／城邦(馬新)出版集團 【Cite (M) Sdn. Bhd.】
41, Jalan Radin Anum, Bandar Baru Sri Petaling,
57000 Kuala Lumpur, Malaysia
電話：(603)90578822　傳真：(603)90576622
Email：cite@cite.com.my

封面設計／徐璽工作室　電腦排版／唯翔工作室
印　　刷／韋懋印刷事業有限公司
總 經 銷／聯合發行股份有限公司　電話：(02)2917-8022　傳真：(02)2911-0053
地址：新北市231新店區寶橋路235巷6弄6號2樓

■ 2021年2月初版
定價／420元

Printed in Taiwan
城邦讀書花園
www.cite.com.tw

ISBN　978-986-477-971-0

廣	告	回	函

北區郵政管理登記證
北臺字第10158號
郵資已付，免貼郵票

10480 台北市民生東路二段141號9樓

英屬蓋曼群島商家庭傳媒股份有限公司城邦分公司　收

請沿虛線對摺，謝謝！

書號：BH6076　書名：找到你的聲音：國際頂尖教練教你在任何場合自信說話

請於此處用膠水黏貼

商周出版

讀者回函卡

不定期好禮相贈！
立即加入：商周出版
Facebook 粉絲團

感謝您購買我們出版的書籍！請費心填寫此回函卡，我們將不定期寄上城邦集團最新的出版訊息。

姓名：________________ 性別：□男 □女

生日：西元________年________月________日

地址：________________

聯絡電話：________________ 傳真：________________

E-mail ：

學歷：□ 1. 小學 □ 2. 國中 □ 3. 高中 □ 4. 大學 □ 5. 研究所以上

職業：□ 1. 學生 □ 2. 軍公教 □ 3. 服務 □ 4. 金融 □ 5. 製造 □ 6. 資訊
□ 7. 傳播 □ 8. 自由業 □ 9. 農漁牧 □ 10. 家管 □ 11. 退休
□ 12. 其他________________

您從何種方式得知本書消息？

□ 1. 書店 □ 2. 網路 □ 3. 報紙 □ 4. 雜誌 □ 5. 廣播 □ 6. 電視
□ 7. 親友推薦 □ 8. 其他________________

您通常以何種方式購書？

□ 1. 書店 □ 2. 網路 □ 3. 傳真訂購 □ 4. 郵局劃撥 □ 5. 其他______

您喜歡閱讀那些類別的書籍？

□ 1. 財經商業 □ 2. 自然科學 □ 3. 歷史 □ 4. 法律 □ 5. 文學
□ 6. 休閒旅遊 □ 7. 小說 □ 8. 人物傳記 □ 9. 生活、勵志 □ 10. 其他

對我們的建議：________________

____

____

【為提供訂購、行銷、客戶管理或其他合於營業登記項目或章程所定業務之目的，城邦出版人集團（即英屬蓋曼群島商家庭傳媒（股）公司城邦分公司、城邦文化事業（股）公司），於本集團之營運期間及地區內，將以電郵、傳真、電話、簡訊、郵寄或其他公告方式利用您提供之資料（資料類別：C001、C002、C003、C011 等）。利用對象除本集團外，亦可能包括相關服務的協力機構。如您有依個資法第三條或其他需服務之處，得致電本公司客服中心電話 02-25007718 請求協助。相關資料如為非必要項目，不提供亦不影響您的權益。】

1.C001 辨識個人者：如消費者之姓名、地址、電話、電子郵件等資訊。
2.C002 辨識財務者：如信用卡或轉帳帳戶資訊。
3.C003 政府資料中之辨識者：如身分證字號或護照號碼（外國人）。
4.C011 個人描述：如性別、國籍、出生年月日。

請於此處用膠水黏貼